U0889186

国学与太极拳

中国人必修的文武之道

第3版

蓝晟 著

当代中国出版社
Contemporary China Publishing House

图书在版编目（CIP）数据

国学与太极拳：中国人必修的文武之道 / 蓝晟著 .
3 版 . -- 北京：当代中国出版社，2024. 6. -- ISBN
978-7-5154-1390-7

Ⅰ . G852.11

中国国家版本馆 CIP 数据核字第 2024KN1088 号

出 版 人　王　茵
责任编辑　周显亮　刘晓冰
责任校对　贾云华　康　莹
印刷监制　刘艳平
封面设计　鲁　娟
出版发行　当代中国出版社
地　　址　北京市地安门西大街旌勇里 8 号
网　　址　http://www.ddzg.net
邮政编码　100009
编 辑 部　（010）66572180
市 场 部　（010）66572281　66572157
印　　刷　中国电影出版社印刷厂
开　　本　710 毫米 × 1000 毫米　1/16
印　　张　16.25 印张　1 插页　200 千字
版　　次　2024 年 6 月第 3 版
印　　次　2024 年 6 月第 1 次印刷
定　　价　68.00 元

版权所有，翻版必究；如有印装质量问题，请拨打（010）66572159 联系出版部调换。

修订说明

《国学与太极拳——中国人必修的文武之道》由当代中国出版社2012年1月出版后，印刷了三次。一路畅销，颇受读者好评，曾被评为南京某书店十大畅销书之一，北京某书店2012年6月十大畅销书第六名，这对于太极拳著作来说，殊为难得。

当时，由于笔者正在创办传播“文武之道”的国学机构，于是在《国学与太极拳》一书中，试图把所倡导的国学智慧与太极拳的内容融合到一起，因此有了“智勇太极学”和“智勇太极拳”之名，目标是让人的身心性命实现自由自觉自主自控。

现在看来，“智勇”的名称并不确也。智勇为入手途径，抵达的境界应是“仁”，此古人认为的“三达德”——儒家共有共享之词汇，用来作为太极拳的称谓可能并不妥当。当时由于没有更好的称谓，姑且称之。

香港中华电力集团中国区常务副总裁李晓强先生跟随笔者学练了一年多太极拳，收获多多。他建议笔者把所学太极拳进行整合，提出一个全新的太极拳名号，既适应当代职场人士养生、开智之需要，又容易让人记住并适合传播，还符合国学与太极拳同修同悟的特色。

他让笔者再写一本更通俗也更全面的太极拳著作，甚至还列了这本书的提纲，并提议笔者用“随时随地心太极”作为书名。

笔者闻听，豁然开朗，决定用“心太极”作为太极会馆的馆名；循此回溯，就有了让国学与太极拳水乳交融的拳名：借儒家心学称谓，本着“损有余而补不足”理念，在不做任何改动地传承内功太极拳、水性太极拳的基础上，撷取其他太极拳的招式招法和自己学拳、练拳、悟拳之体会而编创心性太极拳。以国学与太极拳共修共悟为基础，编创的总原则是太极拳、太极功、太极道一体。相对于有形的招式招法和无形的神意活动，神意作主宰；相对于躯体上中下，腰为主宰。二者神意为统帅，而神意的别名是性和心，故命名为“心性太极拳”，“心太极”作为简称。名称和内容，符合“太极元气，含三为一”的道理。

国学和太极拳同修同悟，终于有了提纲挈领、能体现特色特质的名字。儒释道三家，都讲究心性，心性为本。而我所编创的太极拳，试图开辟出通过太极拳明了心性、彻悟大道的途径。

其实，心本为太极，何来心太极？亦是名曰“心太极”而已。

心性本为一，一就是太极本义；所以，心性即太极，太极即心性，心、性、太极、拳，是相互诠释的，就像佛家《大方广圆觉了义经》之名一样，大、方、广、圆、觉、了、义为一回事。

综上，就有了这本修订版《国学与太极拳》，与第一版相比，删减了太极混化法功夫详述和面壁蹲墙法两部分内容，并把原版“第一章第四节：太极拳与中医”“第二章第一节：练太极拳的效益和实现途径”“第二章第四节：太极拳是优化生命的智慧”等章节抽出来，增加了“神意气为一体”一章内容。这就使得本书更具理论的完整性，可以说是对国学与太极拳关系的一个概论、一个总括，亦可作为“心性太极拳十三书”的第一本书。

笔者认为，是张三丰创立了太极拳。他创立的不是太极拳的招式招法，而是太极拳之所以发挥功用的原理、公理：十三总势。张三丰说：“十三总势莫轻视，命意源头在腰隙。”命指的是气，意识是意念活动；命意的源头在腰的空隙中（和腰脊成兼容状态的一种特殊的功夫觉知活动）。这就指出了太极拳修炼的真知和正见。

这震古烁今的原理，暗合现代物理学时间与空间整体的原则，更符合中华文化混元整体的思想，也符合“本立道生”的国学修学次第。因此，笔者不揣冒昧，以比附心态，拟通过撰写“心性太极拳十三书”来传播心性太极拳。

希望读者能依此书，进入心性太极拳的天地，并在“行住坐卧不离这个”的过程中，身心性命共济，从而获得生命的全面优化。

蓝　晟

2015年11月25日于深圳

修订版序

长歌正气重读过　我比前贤路更宽

国学与太极拳：同根同源

一本书的真正价值，往往不是浮于字面，而是藏在纸背的。字面可以吸引人的眼球，而纸背可以牵动人的心灵。

一部有着不朽价值的经典著作，应当是历久弥新的，不仅有着现实的指导意义，而且有着深远的历史意义。

拜读蓝晟新作《国学与太极拳》一书，不由得想起了吴承恩的《西游记》。

《西游记》是以引人入胜的章回小说形式讲述道经佛理的，让人在不知不觉中醒脑开窍，悟我悟空。《国学与太极拳》，则以别开生面的太极拳教程来开释人生哲理，展现国学智慧，让人在修炼太极拳的过程中存心养性、修心炼性、明心见性，从而超凡入圣达真。这对于每个积极向上、求真务实的人来说，有着常读常新的恒久魅力。

为什么会这样？底蕴深厚，同根同源。二者同根于国学经典，儒释道含三为一；同源于中华龙脉，长河奔流，生生不息。表达形式不同，却有异曲同工之妙。

打开蓝晟这部新作，让人感到新风拂面，春意盎然。

新，非指新奇而言，是说新在不落俗套，新在太极拳与国学相互印证，以国学悟太极，以太极会天机。

因为太极拳与国学：分，假名而已；合，整体一元；均系中华道统，同为内求本具、阴阳合和、天人合一的大学问、大智慧——本来如此，本应如此，天经地义。

此前同类读物，对于这一带有根本性的核心问题，有的可能淡忘了，有的可能忽略了，有的可能不以为然，均擦肩而过。而蓝晟这本书，可是把它作为核心中的核心来对待，并且慎终承始，宗国学之本，了太极之究竟。

为此，作者匠心独运：糅太极拳道、太极国学、太极哲学为一体，涵盖太极功夫、太极文化、太极智慧；熔智慧拳、思维拳、美学拳、医疗拳为一炉。集陈式、杨式、吴式、孙式等传统经典太极拳之大成；聚水性、圆觉太极拳之精华；汇自身三十余年修炼，悟觉太极拳之真谛而自成体系；承历代先贤大德文武兼修之风范，倡导践行智勇双全、大智大勇、内圣外王之志向，办学、讲学、传道、授业、解惑，开一代新风。

对其中涉及近代西方文化对我国的影响问题，作者不予细究，点到为止，不屑追逐所谓“中西合璧”的时尚风潮，只为借宾定主，续我辉煌。

拳功道理合一　道德修养为先

一提到“拳”，人们通常会想到“武”，联想到武林高手、武夫莽汉，或设擂比武、散打竞技之类，很少有人将其和“文”联系起来，和学问、哲理、智慧、道德等“文”的内涵联系起来——“拳”嘛，攥起拳头打人，打败对方而已。

而蓝晟这本书里所讲的“拳”，可不是这么回事，它压根儿就不认同这种只武不文或只文不武的二元对立思维模式、阴阳悖逆的偏执参照系。作者对真正“拳”的诠释，是“拳拳之心”、舍己从人之心、天地造化之本心；手中握着的不是争名夺利的俗气、争强好胜的霸气、争勇斗狠的杀气，而是不争不败的和气、通古达今的睿气、顶天立地的浩然正气。

二者不可同日而语。

若不事先弄清这一点，从而确立一元整体的参照系，日后恐难迈入太极拳的正门大道，以致有其名而无其实。

太极拳博大精深，法则严整：拳（拳架招式）、功（内功心法）、道（道德兼修）含三为一，精、气、神三位一体，相互兼容。缺其一则整体不再，去整体则太极拳荡然无存。

如果只讲拳，不顾功和道，势必形成空描，缺气少神不叫太极；如果只讲功，不顾拳和道，会失去筏和舵的载体，无法到达太极拳彼岸；如果只讲道，不顾拳和功，将会变成空中楼阁，落入学究式的空谈，也不是真正的太极拳。

但，拳功道三者又不是同等一律的：拳为依托，功是基础，道则核心。行拳（炼精）、练功（化气）、起心动念（神意）的发轫点，均取决于道德指向的高低，它制衡太极拳水平的高低；而道德水平的高低，有赖于道德修养。道德修养充分体现着太极拳以人为本的软实力。

唯道德修养可以改变气质，唯道德修养可以提升人格，唯道德修养可以完成事功，唯道德修养可以光辉人性。

因此，《国学与太极拳》始终抓住道德修养这一核心，始终瞄准道德修养的最高境界“天人合一”，引领世人回归人人本具的自然之性，并以此作为自己的起始点和落脚点，取道精准，取意深远，特色鲜明。

舒适自然本太极　化繁为简归一法

在太极拳修炼起步阶段，作者不赞成一味“刻苦”“拼命”之类的练法，免得养成僵直刻板的不良习惯，越往后越难改，欲速不达，反而与太极拳的软、圆、绵、连无缘。他主张以松、通、透、空为本，去熏、去修、去悟，去默识揣摩，去有意识地“找舒适”，找到舒适“舒适练”，因为只有找到舒适，才算找到修炼太极拳的真实感觉，真正进入了“角色”；找舒适的过程，就是找门道、找功夫、找真意的过程。找到功夫的真意，才是属于自己的真知灼见，才能成为自己身上的“本”。

有“本”才好翻“利”，进阶。在进阶过程中，作者告诫参学者切莫贪大求全，而要一门深入，举一反三，学会“化繁归简，化难为易，化有归无，万法归一，一法归万法”。如何归法？作者以著名拳师郭云深“半步崩拳打天下”的故事为例，以他隐居燕山脚下的恩师说过的一句话来点破玄机：“一个揽雀尾转单鞭，就能练出太极拳的所有功夫来。”因为起势、揽雀尾和单鞭是核心中的核心，太极拳的精髓都在这里边了。

破玄机直言不讳，讲拳传道循循善诱。从学练拳架入手，进而修正拳架，入门拳架，锤炼拳架，修炼拳架，悟觉拳架，改、脱、创拳架，直至无拳架（“得鱼忘筌，弃筏登岸”），一路不离大道，不走岔道，傍破傍立，傍立傍破，小承、中承、大承，层层进退，井然有序，次第分明，但不强分高低，一任难易相成，高下相倾，顺其自然。

讲盘拳走架十三总势之“掤、捋、挤、按、采、挒、肘、靠、前进、后退、左顾、右盼、中定”及八门五步之“软十三不敢粘”的精神所在等，招招式式，起承转合，内功心法贯彻其中。强调神为主宰，身为驱使，借物想象，借假修真，驾虚摩空，“意在先，内气催姿势”，“有意若无意，无意之中有真意”。要求洒扫应对须臾不离，行走坐卧不离这个，重视日用积累，炼己筑基，自性觉悟，方成大器。忌讳以形害人，死于形下，外在花哨，内在干瘪，浮于空描，用以表演，变太极拳为太极操。像这样练下去，无论多么用功，其实都是在太极拳门外转悠，恐怕连最起码的祛病强身的效用都难以收取；同时也太过降低太极拳的身份，实不可取。

近年来，社会上冒出一帮这大师、那传人的拳把式，到处吹嘘所谓家传绝技，广揽门徒。但明眼人搭眼一看，那架势、那做派，套用老辈拳家的话来说：“身上没东西，手上没玩意儿，心里没太极。”望广大太极拳爱好者切莫盲从。太极拳宗师张三丰早已有言在先：“欲天下豪杰延年益寿，不徒做技世之末也。”

大道谨宣扬　大家诚无私

真正的太极拳修炼者，内功深厚，元气充沛，神意灵明，周身内外已成混元整体，与天合道，与地合德，与人和谐，因而做到“我命由我不由天”“延年益寿不老春”应属当然之事。内中高手，练起来体能轻灵，飘逸洒脱，如球滚地，如珠走盘，松空若烟灰下落，圆满若气球胀内，钟鼎罩外，“一羽不能加，蝇虫不能落”，气息弥漫，气浪翻腾，外人无可近身，看不出该属哪一套路，哪一门派；没练时，其招式招法、心法劲法化影无形，内气外气储纳归藏，内蕴深沉，外溢祥和，言谈举止不卑不亢，待人接物满座春风，看上去与常人无异。像这样的太极拳才是我们真正的归宿。

果真能达此归宿吗？回答是肯定的。从某种意义上说，《国学与太极拳》便是为此而立的著作。相信凡是有幸读到这本书的人，定会感到眼前一亮，茫然间发现自己已经真实不虚地登上了这艘驶向理想归宿地的渡轮。

该书作者为读者梳理的太极拳修炼方略，系统全面，翔实透彻，可操作性极强。比如“三理”说（理上开窍、理上练拳、理上揣摩），“三乘”说（小乘着熟、中乘懂劲、上乘神明），“四松”说（松稳慢匀、松散透空、松空圆满、松化静定），“十要”说（虚领顶劲和气沉丹田、含胸拔背和松腰松胯、沉肩坠肘和裹裆护肫、提起精神与扩膝松踝、内外相合与中正安舒）……

结合上说，推出十种练法：专注一方练法，球体练法，开合练法，劲源上手练法，松腰练法，雾气弥漫练法，点线面体练法，水性（海浪）练法，风性、火性、土性练法，翻动、扶摇、羊角练法；披露“坐如钟、立如松、行如风、卧如弓”十二字诀的精髓及其效用，等等。

作者结合练法讲规律、讲诀窍，如：无中生有，周身一家，如如不动，如来如去，等等。结合规律谈感觉，如行拳走架的动触感，静中寓动的整体感，起始、运行、终止、变换过程中的气感，动作姿势的漂浮感、沉重感、沾粘感，等等。

拳界向有“传拳不传功，传功不传法，传法不传诀”的“家训”。原因之一是，太极拳理法体系的确是既严谨又灵活，既精确又微妙，有的难以言表，只能“冷暖自知”，尤其每遇“时机奥妙处”“关节微妙点”，即使大师圣手也有言语不详之嫌，常以“大道无言”遮掩之，令人莫测高深。

作者对此却一反“常态”，不仅大道有言，而且来个秘诀大公开。人说“千金不卖道”，他反而“千金大传道”，唯恐别人学不到手，还精心精意地答疑解惑；细微处，详解运用之法，像体察思维，如何借用地心引力聚纳虚空中阴阳之气，整体开，整体合，四式摸鱼法，内外三合法，一身备五弓法等，法法都是稀世珍宝，法法都是法理圆融的完整功法，取其一都能伴你一生健康。

读者于淘宝的同时，不难得见作者的大仁大义，大手笔，大担当。

《国学与太极拳》这本书，对于大众读者来说，能读好它，用好它，从而实现健康、幸福、智慧、长寿这人生的四大愿景，应当是自然而然的事；对于学已有成、躬身自励、争取进阶的太极拳爱好者来说，其自洽性很强的体系可供精炼，达到事半功倍的目的；对于功夫上身、登堂问奥、已臻上乘的太极拳修炼者来说，也是有文可味、有迹可循、有法可依的。

这本书，不是太极拳教科类读物，却具有初级、中级、高级教科书的功用；不是国学导读，却引领读者通过太极拳修炼这种快捷方式，真正领悟到国学“为德性学”内省、躬行的中华大智慧。

《国学与太极拳》出版后，在读者中颇受好评；今次作者站在太极拳心学——心性太极拳角度对本书予以修订。高度决定深度，超越体育，进入思维参照系层面体悟太极，必然会成为太极拳发展史上的一个新维度。当然，其意义和价值，还需要到作者的心性太极拳全部书稿完成之日才能梳理清晰。那么，本书作为心性太极拳的提纲挈领之作，非常值得重视，因此，值此修订版出版之时，祈更多人能读到此书，从而也能步入学练心性太极拳的行列。

“长歌正气重读过，我比前贤路更宽。”——作者的自白，作者的心声，本书的宗旨，不能不令人感慨系之，和声共鸣。

特为此序，予以推介。

蔚　澜

2015年11月

前言

国学与太极拳：凭什么来滋润我们？

一

现代社会，人被各种信息包裹着，很容易被吸引、被诱惑，甚至会迷失了自己的人生使命和做人的原则。人不是动物，不能由着生理感官的本能去做事。人所追求的，不仅仅是身心层面获得健康，更重要的是听从心的指令，去做自己喜欢的事情。

令人高兴的是，在修学国学和太极拳的过程中（虽然每天只能拿出1—3小时来体悟国学智慧，并进行太极拳功夫的锤炼），我懂得了“有所为有所不为”，懂得了“无中生有”——各种杂乱的信息对我来说都是个“无”，而我则从“无”中领悟了人生的智慧（这是无中生有的“有”啊），明确了自己的人生使命。

心灵听凭最迷恋和最感兴趣的事情的召唤，去努力实现自己一生的责任和使命！在实现使命的过程中，因为有了国学和太极的锤炼，又会让躯体之气血流行无滞，让内心宁静、安详、自然，归入更大的“无”，从而实现真正的幸福和人本的胜利——健康长寿，幸福平等，自由自觉。

二

破译了太极拳，掌握了国学，就寻到了中华传统文化的真谛，要知道，儒学、道学、佛学、武学、中医学乃至琴棋书画等，都是关于身心修养的学问，都是和谐天地人的过程——生命的历程有多长、人生的经历是否丰富，都因为阴阳中调和而实现和谐，这种和谐的健康状态就是太极。

中华传统文化的内涵更广泛一些，而国学，不仅仅是“国故之学”，亦是修身之学、开悟之学，因此，是形而上的学问；这和武学可有一比，武学的内涵广泛，而太极拳，则是武学中形而上的智慧。

国学和太极拳，在事理上是一体的，我们从国学和太极拳的共有词汇上，可获如下体悟：

“中正安舒”——这是做人的原则和坚守的操行！

“搏兔之鹘”——这是人生紧盯目标的行动状态！

“如猫捕鼠”——这是精神专一的生命智慧！

“支撑八面”——这是大家风范和灵明之心的自然流露！

“阶及神明”——这是太极之象和彼岸之境相融合的永恒诱惑！

习练太极拳，研修国学，其实是在开启中华核心思维的大门啊！跨入这个大门，我们可以明确地获知，国学和太极拳所蕴含的无极、太极、阴阳、三才、四象、五行、七星、八卦、含三为一、阴阳相济、大小一如、生生不息等，都是古圣先贤留给我们后代子孙最有中华精神气质的独一无二的大智慧！绝非当代人向壁虚构的流水线产品，绝非当代人生搬硬套、拾人牙慧的直线思维、对立思维！

悟觉了国学和太极拳的深刻哲理，则人生境界必然获得升华，生命的价值必然体现得淋漓尽致！

三

练太极拳并不是让我们去做太极拳大师（这样就违背了太极拳“舍己从人”的要义了），而是让我们更好地成就事业，获得人生的幸福！

太极拳，不讲经络，不守丹田，不强调呼吸，不以江湖习气去争功夫高低，不在形而下的层次上用功夫。

太极拳，是直指人心的一条道路，修筑之，则“阴阳互孕、全体透空、无形无相、无我无为”的境界会帮助我们实现人生梦想。

太极拳、太极文化、太极智慧本身是不可分割的整体——融儒家、道家、释家智慧为一炉，合武学、中医、术数精华为一体，把人生修养和太极功夫的有为、有无、无为的三大境界合而为一，通过独特的师道观、含三为一观、八门五步观逐渐在人的身心健康层面和形而上的智慧层面体现出来。

这样的智慧，是国学本有之要义。

因此，我们说，国学智慧和太极拳的智慧，乃一而二、二而一的关系，是实现人生觉悟和人生梦想的最有效的途径。

有了这样的途径，再经过有效的战略定位，在我们未来的人生历程中，精力会始终充沛，我们会获得真正意义上的幸福。

如是，人就会去粗鲁获平和（文雅而内在的力量），去浮躁获深刻（能抓住万事万物的核心），去失败获成功（失败也是成功），去知觉之障生太极之真空妙有（明心），去无明之心入灵明之境（见性）。

四

世事难以预料，人的生命意义和身心健康，很容易被功名利禄所桎梏，很容易被酒色财气所侵袭。人的生命很脆弱，人生的成功总会陷在不完美的旋涡中。

人不是畜生，人要行人之道——于是，就诞生了国学。国学是以儒释道三大文化作为基石的，并不是宗教；但后人却以为这三大文化基石是宗教。其实，国学是让中国人安身立命的大学问，是教化人心，让人返回人本，发挥自然先天之潜能、提升勇气的智慧之学啊！惜乎，在当代社会，这些内涵竟然逐渐被掩盖了。

然而，对于我这样没有机会从小系统承续国学精义的人来说，有机会因太极拳来认知国学智慧，或许是一种真正的皈依，或许是一种捷径，或许是一种歪打正着，或许能真正实现书本知识和内在身心体认的合一，从而找寻到回归心灵家园的路，获得真知灼见。

通过习练太极拳和研修国学，我最大的收获就是做一个平和的人，只有平和的人，才能在人事纷争的世俗生活中不无谓地消耗情感和精力，才能集中精神做自己最渴望做的事情。

我的试验室是自己的身心，我的背景是宇宙时空，我的“阴阳互孕”是在有限的生命中感悟无限，进而在太极运化（开合出入聚散化）的过程中，来实践太极拳和国学的根本宗旨——祛病延年、强身健体、克敌御辱、超越庸常、明了心性；为了实现此宗旨，我们还必须首先实现一个目标——身心的整体健康、人生事业的和谐成功。

五

有人建议我，能不能把国学和太极拳这两大学问统摄一下，概括成一个词，让人们快捷地明了其中的内涵？

这有难度。其一，我并不想开创新的太极拳流派，因为功夫不到，资历不够，兴趣不在于此；其二，国学对于我来说，仅仅是掌握中华核心思维的一种路径，并不是当成学术、学问来研究的。不过，机缘和合之际，近十几年，始终有朋友跟随我学练太极拳和体认国学经典，他们也有这个愿望——因为，我传授的太极拳，不是按太极拳前辈之内容丝毫不改，而是根据自身体悟，结合国学圣贤经典、天地自然之道、自性本具之根底，依照学习者所能理解的程度而应机说法、随缘传拳的。

今年正好是我立志文武双修第35个年头。三十功名尘与土，八千里路云和月。这35年来，我求学于三位明心见性之前辈大德（拜师共七位，其他几位在各方面亦给予很多启迪，也获得袁敬泉、何广位、曾乃梁等前辈的指点），沉潜于黑龙江的大兴安岭山脉、河北和北京的燕山、深圳的笔架山、香港的太平山之氤氲气脉间，默默研修；还通过游学、讲学、游历的方式，流连于意大利的罗马、米兰等地的古迹和大学，与当地诸多专家学者进行过交流，从而对西方的核心文化亦有浮光掠影之了解。在此基础上，或许可以统摄一下我对国学和太极拳的认知——心性太极学，这仅仅是为了教学和传承方便提出来的方便法门。

学，为学日益，为道日损，损之又损，以至于无为。这门学问，要通过相关之国学知识和太极拳功夫的修持，实现太极拳的“戒定慧”三学：戒——戒用力，戒好胜之心；定——定在平衡流通、虚实松紧之间，实现中正安舒、自在无我；慧——无力之力、无根之根、无用之用、无为之为，阴阳相济，生生不息。

心性太极学，乃修行也——修正、修理不符合阴阳中、戒定慧合三为一精神的思维模式，从原点、本心、核心处入手，履行、践行、操持对万事万物的感应、关怀、慈悲。

心性太极学，本无心性太极学，乃名心性太极学。

目录

上编　太极拳只是拳吗？
——国学之于太极拳的意义

下编　拳中寓国学
——太极拳理法述真

附录

上编

太极拳只是拳吗？——国学之于太极拳的意义

太极拳是熔铸武拳文练拳、智慧拳、文化拳、思维拳、美学拳、医疗拳于一体，体现了中华核心思维方式的拳种。

第一章 文武之大道

第一节　国学智慧的结晶

一个老人有三个儿子。他让一个儿子去学摔跤，一个儿子去学长拳，一个儿子去学太极拳。三年后，他让三个儿子比武，结果是学摔跤的战胜了学长拳和学太极拳的，学长拳的打败了学太极拳的。随之老人让他们继续学练。五年后又让三个儿子比武，结果是，学长拳的战胜了学摔跤的和学太极拳的，学摔跤的打败了学太极拳的。老人让他们继续学习。十年后再比武，此时的结果是：学太极拳的战胜了学长拳的和学摔跤的，学长拳的打败了学摔跤的。

这个故事，说的是太极拳十年不出门。

然而，真正的太极拳，如果敲错了门，进错了门，则“失之毫厘，谬以千里”，不仅仅十年出不了门，恐怕耗尽了一生心力，还一直在太极拳的门外打转转，连太极拳的门也摸不到。

真正的太极拳，不是为了战胜别人，而是为了证悟中华文化，特别是儒释道医武之文武经典所阐述的心要，彻悟宇宙人生之真理，通达世间智、出世间智、出世间上上智，进而达到隐显自在、常乐我净境界的智慧之学，这门学问，不以战胜别人为检验标准，而是道法自然，以本具为师，皈依自性，达到拈花微笑、言语道断、不可思议之神明境界。

从这个意义上讲，太极拳是无门可入的。就像宋代称禅宗为无门关一样，太极的神明境界离我们有多远？也许很远，穷尽一生心力也摸不到门；也许很近，当下就是——从这个意义来看，太极拳亦是有门可入的，毕竟张三丰、王宗岳、杨禄禅、杨健侯、孙禄堂等太极拳之先贤，早已登堂入奥，并开启了太极拳的一扇扇大门（门派），等着我们深入其中，得乎其中，出乎其中。

只要敲对了门——向内求自身本具的功能，肯学，并有老师入门引路、口传心授，则太极境界就会“豁然开朗”般地敞开，从而别有洞天，别有风光。

然而，人一出生，所接受的后天教育和尘世的污染会屏蔽我们的眼耳鼻舌身意，阻断内求本具智慧的探研之心，进而使我们离开自家的珍宝而假借于他，找不到回家的路。

在当代，有没有一种最有效的途径，来帮助我们更好地入太极拳之门，并尽快实现豁然开朗、登堂入奥呢？

最有效途径是有的，那就是：太极拳和国学，同修同悟。

因为，国学和太极拳，本来就是一而二，二而一的关系。

有一次，我和中央党校的于晓非教授一起到中经名人俱乐部讲课，他讲佛学，我讲太极拳。回来的路上，他问我，为什么现在社会上很多太极拳爱好者的水平上不去。我毫不犹豫地回答，因为练太极拳的人，很多对中华文化特别是国学的精髓，不懂，不了解。丢失了国学，则会失去太极拳的思维方式——这个思维方式是整体观，得其一而万事毕的思维模式。

不从思维方式入手，按照西方文化所推崇的二元对立、直线型的思维模式，则根本搞不懂太极拳的真实要义。

太极思想是中华文化最核心的参照系，是儒释道医武之国学道统、九九归一归太极的真实写照。太极思想，特别是阴阳中含三为一的思维模式，历数千年风雨，恒久不变。

太极者，乃混元、一、道、整体、核心之意，是天地人、精气神、儒释道、医武易、有为有无无为、世间智、出世间智、出世间上上智的融合。

世间的学问和知识有万法（八万四千法门之多），而万法要归一法，一法归无法，无法统摄在提纲挈领处、动静之机处——这就是太极智慧、太极思维、太极功夫，这三种说法，由于既是形而上，又能落实到每个人的身心修养和身心健康层面，因此，逐渐形成了一个人们耳熟能详的修身之学或熟语：太极拳。

古之圣贤，敬畏天地，省察自身，由内而达外地发现、明白了天地人之规律，从而形成世界上独一无二的中华文化。中华文化的心要就是：以文化身心。太极拳就是这样的文化。

也因之，大学者梁漱溟、钱穆、南怀瑾（教授将军练太极拳）、王壮弘（国学大家，在碑帖领域被誉为“百年来最伟大的碑帖专家”，编创了水性太极拳；笔者恩师），企业家王选、伯尔尼德·希德布兰特（著有《借助太极上市》一书），影视巨星李连杰，天才棋童乔希·维茨金（好莱坞电影《王者之旅》原型）等才潜心练太极拳、悟太极拳。

是的，太极拳早就被有识之士誉为太极文化了；虽然作为一种文化，它的力量、它的魅力、它的理论和方略，还不被更多的人所熟知、所自觉运用。

《周易》有言：“天行健，君子以自强不息。”这中国文化源头的精神气质，是太极拳之所以生生不息的力量所在。从这个意义上来看，太极拳运动，是“天行健”之规律在人的生命活动中的具体体现。

太极拳和太极，既是一回事，又有所不同。太极实际是中华文化、中国人的核心思维。最早，“太极”这个词是由孔子注解《周易》时在《系辞》中提出来的：“易有太极，是生两仪，两仪生四象，四象生八卦。”这其实是一种从核心处分析万事万物的思维模式。

太极强调阴阳，没有了阴阳之理，就没有了中国人看待万事万物的参照系了。什么是阴阳？中医经典《素问·阴阳应象大论》中对此作了明确阐述：“阴阳者，天地之道也，万物之纲纪，变化之父母，生杀之本始，神明之府也。治病必求于本。”从中医的角度来看，把握了阴阳之道，不偏不倚，保持“中正安舒”，就能“治病必求于本”，就能“上医治未病”。太极拳、国学其实就是帮助我们实现这样的目标的一种有效途径。

近些年，人类对宇宙的认识越来越深刻，科学家观测到的银河系之形状，与明代著名理学家来知德（号瞿塘）所绘制的“来瞿塘先生圆图”很相似，仿佛400多年前来先生是坐在银河系边上绘出此图一般。这个“圆图”后人称之为“来氏太极图”。实际上，“来氏太极图”是依据先贤“主宰者理，对待者数，流行者气”的太极理论而绘制的，涵盖了宇宙万物的演化规律。

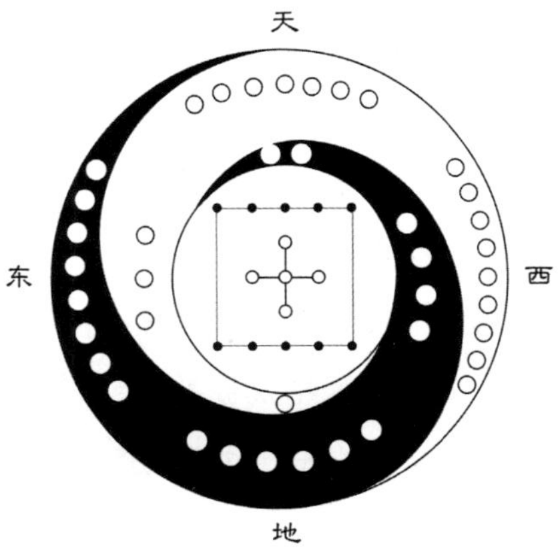

来氏太极图

太极拳把这种演化规律，通过神意气之阴和形体动作之阳的“阴阳互孕”表现出来，以理教化人心，以拳强身健体，以长期的“默识揣摩”迎来“豁然开朗”般的自我超越，从而达到“延年益寿不老春”。

太极拳承载的太极思想，是国学智慧中最有价值的部分，是每一个中国人都应该具备的核心价值观。

理学鼻祖周敦颐就是凭数百字的《太极图说》而奠定其在中国思想史上的地位的。理学大家朱熹则通过《太极图说解》《太极图解义》全面解释人性和宇宙万物的产生及运化规律。朱子言：“在天地言，则天地中有太极；在万物言，则万物中各有太极。”

把太极思想体现得淋漓尽致的是中国古圣先贤创造的太极拳。仅在健身方面而言，医学大家们都会异口同声地推荐：“太极拳是最好的健身方法。”

实际上，太极拳不仅仅是健身方法，而是熔铸武拳文练拳、智慧拳、文化拳、思维拳、美学拳、医疗拳于一体，体现了中华核心思维方式的拳种。

那么，就让我们来接受太极拳吧！

让我们用中国人创造的最好的“上医治未病”的预防医学和心理调节术，来提高中国人的免疫力，强健中国人的体魄，优化中国人的心灵（缓解工作压力，释放心理负担）吧！

让我们用中国人创造的最好的，贯穿儒家、道家、佛家、医家、武家智慧的太极拳，来福泽世界上各个角落、各种肤色、各年龄段的人群吧！这也是当代人弘扬国学的历史使命！

不能仅仅把太极拳当成一种健身法来推广它。如果那样，太极拳以运动的方式展示传统文化魅力的价值就会荡然无存。

只有站在中华文化的高度、国学的高度，才能真正获得太极拳真谛，才能让太极拳散发更耀眼的光芒。

太极拳，中国人智慧的结晶，国学智慧的最佳体现者，我们没有理由远离它！

第二节　修身为本的国学

韩国金镇洪在《呼唤黎明》一书中，介绍自己年轻时在某著名大学当教师，给大一学生讲《哲学概论》。一位学生问他可否提问，他允许了，学生站起来问："老师，真理是什么？"他犹豫了一会儿，用康德的理论回答："康德在《纯粹理性批判》一书中这样写道：'任何事件或事物，个体的思维与客观事件或事物相一致时叫作真理。'比如我使用的钢笔，只要我意识中的钢笔和实际我手中拿着的钢笔相一致，这就是真理。这样的真理概念是认识论上的真理。"

但学生不满意这个答案，反问道："教授，这种真理不是我所提问的那种真理。这种真理和我有什么关系呢？请您讲一讲我为之生、为之而死的真理吧。"金镇洪一下子就蒙了，说自己也不知道。学生说："上一堂课老师讲过哲学就是寻找真理的科学，可您都不知道什么是真理，那还有什么必要继续讲下去？老师给我们讲一些连自己也不明白的东西，这不是彼此浪费时间吗？老师不如到此休课吧！"

金镇洪很受刺激，觉得自己确实是"以其昏昏，使人昭昭"，何等荒唐！于是放弃了赴美国留学的机会，辞去大学教师之职，到火车站后面卖起了冰激凌。

当代人接受的所有教育，都是知识性的教育，不过是为了在未来找一个饭碗的教育。有时候知识并不能解决自身的困惑。"讲一讲我为之生、为之而死的真理"，这是多么重要的问题啊。然而，当代照本宣科的为人师者，有几人能说得清这样的真理呢？

太极拳所阐述的实相和真理，和每一个人都有关系。从理上来看，太极拳的修炼，必须通过思维层面的提升来建立一种认识世界和改变身心状况的思维模式，比如太极、阴阳、三才、四象、五行、六合、七星、八卦，比如公转自转、正反扭环、其大无外其小无内、上善若水、天门开阖、有无相生，比如观自在、应无所住而生其心、明心见性……其实，这些就是让我们来认识宇宙人生真理，进而抵达知生知死、了一无碍、隐显自如的幸福生活的。

太极思想、太极图、太极拳，三者含三为一，它和儒家、道家、佛家智慧一样，都是宇宙这个时空结构中最和谐运化规律的体现，学练者、修学者，如果能体悟到自身，则生命智慧就一定能进入别有洞天的时空整体的境界中。

所以，我认为，修学国学和进行太极拳修炼，本身就是一回事。如何抵达？“入门引路需口授，功夫无息法自修。”

入门之后，实际上，还需要三大老师的引介，才能豁然贯通，成就出不一样的国学智慧（不是知识，不是学科，而是打成一片的觉悟）和太极拳的功夫来（不是体育，不是招数技法，而是以武证道的境界）。

在这三大老师——以具体传授技艺的人为师，以儒释道的圣贤为师，以大自然的自然规律和法则为师——的引导下，我们才能真正实现生命领域的自由自觉自主自控。把握太极拳、太极功夫、太极智慧之流行、化生、对待等规律，在人生之有为境界、有无境界、无为境界自由行走，“与天地合其德，与日月合其明”，健康、幸福、智慧、成功、长寿这人生的五大愿景的实现，也就是自然而然的事了。

总而言之，太极拳和国学，最核心的价值取向就是让人脱离物欲和情欲，实现人生真正的成功和终极的省悟——人们就此摆脱恐惧、焦虑、忧郁等不良情绪，获得安宁、平和的心态，以及皮肉筋脉骨及五脏六腑的生理的全面健康，常乐我净——这其实就是中国人“壹是皆以修身为本”之学问的具体落实。落实的途径，国学以《大学》《中庸》《论语》《孟子》《老子》《庄子》

《列子》《金刚经》《六祖坛经》《圆觉经》《黄帝内经》《孙子兵法》《管子》《周易》等经典为参照系、为拐杖、为渡河之舟，太极拳则以融为一体的太极拳架（套路招法）、内功心法（心性修为）、太极思维之道（国学的学识和参照系，即思维方式）为根源、为基石、为康庄大道。

现结合国学和太极拳，从以下四个方面对修身要义略作阐述。

一、内求诸己

人的眼耳鼻舌身意，不能总指向外面的世界——外面的世界很精彩，但和人的本质需求没有多大关系。总指向外面，就会因金钱、物品、贪欲、情感等方面的缺损而患得患失、痛不欲生、愤愤不平，于是压力就会增大，就会失去心理平衡，从而产生诸多心理疾患。而经常性地让眼耳鼻舌身意指向内在的精神世界——冯友兰、钱穆等国学家认为，这是内求的科学、内求的哲学——这种思维方式，可称为内求法。

太极拳如何实现这种思维方式呢？通过盘拳走架，滋养自身的精气神；通过圣贤之学和太极拳理论的熏陶，涵养道德，修正性格，使之归于中和。中和之性在《中庸》上是这样阐述的："喜怒哀乐之未发，谓之中，发而皆中节，谓之和。中也者，天下之大本也，和也者，天下之达道也。"体现在太极拳的演练上，就是"拳由心发，劲（劲源）由脊生"。这里所说的"中"，是指人在没有喜怒哀乐等情绪和思维活动时，头里边所出现的一种虚灵明静的自然状态，这种特殊的状态，是太极拳功夫的重要体现，比如"心中一静"的感觉能否捕捉得到，等等。一旦具备了这样的功夫，不仅练拳时内心平和，而且，自身的生命活动也会呈现出生机勃勃的景象，如此之人，任何压力都能泰然承担，任何心理疾患都不会产生。

二、内圣外王

圣贤之道，本意是让人活得健康而幸福，智慧而成功，可惜的是，当代人不敏，总是失去了才觉得珍贵，批判了很久才发现原来是自己错了。

作为融太极拳架（行拳走架、套路招法）、太极术功（内功心法以及基本功，乃至推手、穿手、散手等）、太极道（修养意识、思维方式、国学智慧等）为一体的太极拳，撷儒释道之精华于修身觉悟之途，内固根本，体察身心的变化（心中一静、常乐我净）；外求通达，混化一切自然万物（树叶、海浪、地、火、水、风等）之生长化收藏的规律；不仅“三人行，必有我师焉”，还以圣贤为师，以大自然为师，抵达无为而无不为的境界。由入世而出世，由庸常有为而超凡脱俗，由圣贤修为而大富大贵，由富贵而回归自然，由立德、立言、立功回归无牵无挂、了无痕迹。

三、应物自然

《素问·举痛论》：“怒则气上，喜则气缓，悲则气消，恐则气下……惊则气乱……思则气结……”由是观之，七情影响生命活动，七情之生，与个性太强、私欲未遂、胜负牵心有很大关系。囿于七情之境，灵明之性迷乱，作用到身体，则身心损伤；作用于做事，则失败居多。通过太极文化之修为、之教化、之熏修，可逐渐进入“洒扫应对皆自然”“风来疏竹，风过而竹不留声；雁照寒潭，雁去而潭不留影，故君子事来而心始现，事去而心随空”“奥妙尽在时机中”“无根之根，无向之向，无中之中，无力之力，无界之界”等功夫境界和人生境界，从而让七情不失本然的中和之性，以智慧之心携无为之风范，去应对人生中的各种挑战，及时有效地化解各种矛盾，战胜压力，超越自我，从而让身心在美好、自然、和谐、端庄的界域中，获得大善德、大胸怀、大智能。

四、混化太极

“没有了无中生有、静极生动、无为而为，就不能称之为太极。”道家太极门有如是表述。

我们所推崇、所试图普及的太极拳、太极文化、太极智慧，其目的就是在“有”这个境域中，帮助我们理解、把握、进入这样的境界——从有无境界到太极境界（无为境界）。这样的境界，乃“太者始之先，极者终之后”，因此，也必然要经历“事物的开始与终结”。而太极则处在这两端，无言无语，无形无相。

太极之理、体、相、用、势的实现者，毫无疑问，就是我们所说的太极拳。而太极拳之理的体现者，则是十三总势——掤、捋、挤、按，即乾、坤、坎、离，四正方也；采、挒、肘、靠，即巽、震、兑、艮，四斜角也。此为四面八方一个整体之圆，加上进、退、顾、盼、定，即金、木、水、火、土，形成相生相克的互动关系，并同时呈现左、右、上、下、中的放大缩小的万千变化，从而形成生命智慧整体修为。

这种整体修为是一个“一”。“一”就是太极。

始前终后，太极的含义就这样诞生了。太极拳就因之而圆空法生，缘起性空；也因之从“动静之机，阴阳之母”的意蕴里有了“化生”，进而带来“流行”和“对待”。

太极，一而二，二而三，三而一，不可分割，含三为一。

太极，因“阴阳相济”之间的“中”而获得生机，因“动静之机”的“转”而“不偏不倚”地存在着。

我们每一个人，也会因为这样的存在和认识，身心得以健康，生命得以自由，智慧得以提升。太极文化传播的价值也正在于此。

这样的太极拳，才值得我们投入全部的情感和精力。

这样的太极拳，才值得我们用一生的时光来追求。

这样的太极拳，这样的国学智慧，不是武学，却含武学“意在先”的精髓；不是体育，却藏锤炼筋骨的养生方略（毛泽东言“体育者，养生之道也”）；不是医学，却涵“上医治未病”的学问；不是艺术，却酿沟通天地（太极拳古谱曰“天地相合混元气”）的气韵；不是科学，却有探寻奥秘（奥妙尽在时机中）的精神；不是哲学，却筑人生智能（化生、流行、对待之哲理）的大道。

这样的太极拳，就是国学，是修身为本的国学。

太极的本意是“始前终后”，因此，我们从无中来，必将归于无，在这个过程中，我们的追求才有了意义和可能。

第三节　印证国学的修行

很多人都在谈论，太极拳的至高境界是什么。有些人爱用太极拳前辈比武的故事来印证太极拳高手的境界，这往往陷入已知障和所知障，用世间智的对比、高低等来揣度出世间智、出世间上上智的境界，从而南辕北辙，离太极拳至高的境界越来越远。

太极拳高手的境界，与佛相通，与圣贤比肩，他们本身就是圣贤、神仙般的人物。

有一个境界，我相信，是太极拳高手可以抵达的境界——了生死，预知时至，潇洒人生，来去自由。这样的境界，杨禄禅、杨健侯、孙禄堂，以及当代文武贤达王壮弘先生做到了。

笔者恩师王壮弘先生，去世大半年前就已知自己将不久于世，因此，给我等上课时，多次暗示过。上最后一课时，恩师告诉我们，下丹田气和上丹田气连不上了……于是，我们也就明白了。

在常识中、在知识海洋里浸泡的我们，往往以为这是神秘之事、迷信之事。然而从太极拳角度来分析，有了身知、气知、意知、神知的太极拳“知”的功夫，预知时至并非奇迹。

实际上，在中华大地，儒家、道家、佛家、医家、武家的一些大德，甚至民间的一些有修为的人，亦有很多人做到了“预知时至”。比如阴阳思维——民间几乎所有的人都知道阳间和阴间的说法——这本身就是太极思维、国学思维，只不过“百姓日用而不知”罢了！

近代以来，由于西方文化的冲击，人们的思维参照系中没有种下国学和真正太极拳的种子，所以，对其不了解是可以理解的；但是，我们不应对中华传统文化中这样好的东西视而不见。

因为，国学和太极拳，关乎我们人生之路的质量和分量，关乎我们身心健康的纯度和深度，关乎生命优化的宽度和长度。

国学和太极拳合起来论述，我们可称之为太极文化。当然，某些人认为，太极拳应该是国学的一个分支学科。这样认为，亦无不可。不过，在中国古代，文史哲、文武是不分家的，因此，我们还是统称为太极文化吧。

既然是文化，就有了以文教化的意味在里边。用什么来教化？主要用国学中的圣贤思想、修身理念以及太极拳的功夫修为。教是传承、传递、传播、传人之意，化是融合、混化、铸造、启迪之意，指的都是过程。教化的指向是人心，目的是让人心与圣贤为伍，牵手经典，亲近自然，净化身心，改变参照系，促进人的智慧和能力变得自由自觉。

有的老前辈不主张写书，因为功夫到了一定阶段，每天都有新的进展，甚至“以今（天）否（定）昨（天）”，不过，这是进入了有无境界之后才发生的事情。

处在有为境界的时候，还是应该用语言表述的，也应该有入门的教程，这样，学者才能有路径而行太极之道啊！

在初入太极之道时，让我们简单地梳理一下太极拳的起源、基本要旨和太极智慧吧！

一、太极拳的起源

中华传统文化，绵绵五千年（也有说是七千年）。这期间，儒家、道家、佛家，宛如支撑中华大地的三大支柱，历久弥新，我们可以从中汲取生命智慧，寻找到成就事业的活力源泉。

太极拳的诞生，源于中华核心思维和思维模型——太极图。伏羲“一画开天地”，画出了震古烁今的太极图，从此中华有了核心思维。

伏羲怎样画出太极图的？据武林老前辈李仲轩讲：伏羲看天地交合处，看到海天一色的分界线为山峦，为海的边缘，边缘处抽象出一个“一”；或在山峦处提炼出一个“S”线，阳覆阴合，始有中华文明。

进而，周文王、周武王推演八卦，使得中华后代子孙能以六十四种思维模型来认知世界。

随之，孔子注解《易经》，给中华核心思维和认知世界的模型安上了翅膀（《十翼》，即《易传》，或曰《系辞》）。孔子还给中华核心思维起了一个名字——太极。

从此，太极这个“其大无外，其小无内”的智慧，融进中国人的血液中，成为中华的真正软实力，并“细雨润无声”地营养了儒学、道学、佛学、中医、风水、书画、武学，乃至中国人日常的发明创造，比如，文言文和白话文之阴阳互济、毛笔的一硬一软、筷子使用时的一动一静、中国书法的折叠往复、中国画的

“意象”气韵、中国菜之煎炒烹炸的恰到好处、太极剑之剑身和剑穗的一刚一柔等；甚至，还影响了韩国、日本、越南、泰国等国家人民的行为方式、生活习俗……

有了太极这个思想，一定会诞生独属于中华的武学智慧——太极拳。太极拳是武术，却必须用文化（中华文化、国学）来锤炼之，此种练法，我的恩师王壮弘先生称之为武拳文练。

而太极拳的创立者们，则在中华核心思维和认知模式光辉的照耀下，以河洛之理为依托，汲取佛家《易筋经》《洗髓经》内壮之髓核和明心见性之精微体验，归纳儒家太极之理论内核和修身为本的心性学说，采撷道家天人合一的主张和炼气养性之方略，并以天地为师，法天则地，道法自然，象形取义，终于酿造出震古烁今的太极文化。

太极拳是承载、印证、体认太极文化和国学智慧的重要载体。

其创始人为无数个“张三丰”——历代的太极拳的实践家和实践者。

笔者的一位师兄，根据恩师王壮弘先生的论述，对张三丰创拳之过程作了如下论述：

> 三丰这个“丰”字，是“豐”的简体字，也是当时就有的俗字，三横中间一竖，三横是“乾三连”的乾卦，中间一竖断开三连，成“坤六断”的坤卦，“丰”其实是简化了的乾坤。“三”代表“天地人”，“丰”代表“乾坤”，从“三丰”即“乾坤天地人”的意义来说，实际上“三丰”作为宋明时期一个“道的符号”多于作为一个“人物”的意义。

太极拳是“儒家太和拳”。

太极拳是“道家无为拳”。

太极拳是“佛家如是拳”。

太极拳是“医家治未病拳”。

太极拳是“武家十三总势拳”。

名相是太极拳，而本性是中华传统文化最核心的部分——国学智慧的结晶。

见相非相乃得大自在、大智慧、大解放。

二、太极、太极拳的要旨

何谓太极？朱子曰：“合万物而言之，为一太极而已也。”而万物之中亦各有一太极。以此推之，人人、物物、事事均为一太极也。

太极是中华龙文化的精神体现，是儒家、道家、佛家、易家、医家、武家、兵家、墨家、法家等中国文化九九归一的集大成者，是中华文化的核心命脉，是当代和谐社会之价值观、财富观、成功观、健康观的道统渊源。

太极者，阴阳中含三为一也。中乃道统，调和着文和武，文者开蒙智慧，武者提升勇气——明心见性与武道通仙道的和谐统一。

太极者，通达也。通达天地人三才，通达儒释道三学，通达有为、有无、无为三境也，通达世间、出世间、出世间上上三智（法）。

太极者，王道也。中华民族仁爱精神的体现——非欺人的霸道，而是一种关爱众生、慈悲万物的中华民族高贵品质。

太极者，实证也。心、物、空之思维方式、行为方式、生活方式在身心层面的印证和体现，乃真正的国学智慧。

太极者，核心也。无极是虚空，太极乃中心。虚空因中心而显，中心因虚空而在。

太极者，权也。权衡轻重缓急，权衡利弊好坏，权衡身心性命；有了太极之权，用于日常生活，则为中庸之道、守中之道、执中之道。

然而，虽然全世界已有至少1亿人学练过简化太极拳，但讲究内求本具和人生修养的真正太极拳——博大精深、事理不二、理法一如、修心为要、整体为本的祛病之拳、养生之拳、休闲之拳、哲学之拳、悟觉之拳，却鲜为人知。

太极拳的和谐价值，是让人实现人和自然、人和社会、人和家庭、人的身和心的和谐，恢复人的“先天自然之能”；让人考虑任何问题，作出任何决策，都更全面、更深入、更整体；让人有效地获得心态的调整，使之平衡，提高定力，使之调和阴阳归于中定；让人的生活质量和生命质量获得优化，使精气神充足，内在舒适、常乐我净。

太极拳，就是根据“太极”之理而创造的理、相、用融为一体的智慧。

太极拳之理——阴阳相济，和谐平衡，流通中定。

太极拳之相——上善若水，相摩相荡，滔滔不绝。

太极拳之用——八门五步之时间空间的和谐发展。

这里的拳当拿住、把握、权衡来理解。拿住、把握什么?

太极、太极拳、太极文化，含三为一，说到一个，兼顾其他两个才对。

太极、太极拳、太极文化，内求诸己、内求本具，乃是真正改变人的命运和人生走向的修养之学。

这样好的实证之学，不是象牙塔里学者专享的学术框架和词汇，不是少数知识分子津津乐道的国学学术、国学智慧，而是真正的一国之学，是中华文化最核心的心要之所在——浸润于每个中国人血脉里，大街小巷、公园庙堂都有它的身影；就连韩国的国旗、世界反种族歧视大会的会徽等，都有它显而未显、隐约浮现的无字之字、无身影的身影：太极图。

太极图影响至为深远，乃真正中华文化的软实力，代表着中华文化形而上之国学精要中的精要，核心中的核心；是中华文明之母，世界哲学思想源头之一，更是宇宙大道的高度概括。悟到太极图的内涵，就找到国学之根基了，就找到修炼太极拳之钥匙了。

出土文物显示，中国一万年以前就有了太极图的雏形，历史上，依据萧天石的说法，太极图最有影响的是三家：一为周敦颐之太极图；二为赵撝谦之太极真图，又曰天地自然之图；三为赵仲全之古太极图。而在太极拳界影响比较大的，则是来知德的来氏太极图（见前文）。而对于笔者修炼的太极拳来说，古太极图更有价值，因为它能把太极拳功夫修炼的诸多要义阐述清楚。

实际上，三家太极图也好，更多太极图也好，综合起来看方能一清二楚。明了太极图要义，乃知国学和太极拳之精要矣。

三、太极拳以印证国学内涵为究竟

最早出现的国学被定义为“一个国家固有的学术文化”。然而，自清末民初到当代的学者，对国学范畴的界定，一直有不同的说法。一般来说有狭义、广义、形而上之义三种。

狭义的国学范畴，指的是传统经、史、子、集四部之学，核心是经学，即儒学，特别是孔孟之道和程朱理学。广义的国学范畴，指的是中国原有的一切学问，“过去种种，上自思想学术之大，下至一个字，一支山歌之细，都是历史，都属于国学研究的范围”（胡适语）。此外，当代学者鲍鹏山认为，应该把中华传统文化和国学分开来认识，传统文化的范畴更广泛，而国学应属于高屋建瓴的形而上的大智慧。我特别认同鲍鹏山的说法，也认同梁启超的说法，他认为，研究国学有两条治学的道路，一条是

古太极图

“整理国故”，此乃文献学，属于学者研究的范畴；一条是“为德性学”，应用“内省及躬行的方法来研究”，此内省和躬行，人人都需要。

毫无疑问，目前作为体育、健身范畴，被规范化、标准化的太极拳，是中华传统文化的一部分；作为国术——武术——追求战胜对方之技艺的太极拳，则属于广义国学范畴下面的分支，和国医、国画、国剧并列；作为武拳文练和追求“舍己从人”之王道精神的太极拳，则属于形而上的国学。形而上的国学，就是“古之学者为己”之学，是帮助人获得智慧、开悟、修身的大学问，这门大学问，以内求法（内省）为基石，以开悟为究竟，以己身为印证（躬行）之道场——不属于学者专有，而是古今圣贤明心见性、存心炼性、修身养性的那个方寸之地——其目的是超凡入圣达真的修真、悟后方修道的修道，做个明白之人。

真正的太极拳，应以此为基准、为参照、为印证。

《论语》曰：“毋意、毋必、毋固、毋我。”

《道德经》云：“为学日益，为道日损，损之又损，以至于无为。”

《金刚经》言：“一切有为法，如梦幻泡影，如露亦如电，应作如是观。”

借用《金刚经》的语义来阐释，我这里所说的太极拳，非真的太极拳，乃名太极拳。舍此，就会怠慢了太极拳，亵渎了太极拳。

古人认为“无用之大用”为最大的智慧——太极拳看起来似乎并不能直接地告诉人如何按图索骥去思考和解决问题，但人们却可以通过太极拳的熏修，开发出大智慧，从而改变思维方式、生活方式、行为方式。

第二章 国学要点必知

第一节　四大资粮

太极拳爱好者都希望获得太极拳真谛，从而成就自身的太极功夫；然而，往往“修道者如牛毛，成道者如麟角”，原因者何？某些太极拳师父“错解如来真实义”当是重要原因，因为“任尔聪明过颜闵，不遇明师莫强猜”。得遇明师这件事要看机缘，好在如今信息发达，寻明师应该不是难事。所以，自身有没有成就太极功夫的必备资粮，则应是我们首先要考虑的事情。

综合数十年参悟太极功夫之经验，笔者认为以下四大资粮是太极拳爱好者必备的，缺一不可，且它们可相互促进。

一、明理开悟

明就是明了，清晰、明白了。理是太极拳的思维模式、拳学本质和拳性，理就是太极。开是通达、打开、豁然开朗。悟是觉、灵、明、圆、融、满、转、净、慧的实现过程。

学练太极拳，理是中华文化的全部精要：无极、太极、阴阳、含三为一、四象、五行、六合、八卦、河图、洛书、上善若水、空圆转融以及十三总势等。明几分理，则得几分太极真意。

本书所阐述的拳理，是为了帮助大家来明拳，开心性之门的；此外，国学经典中所阐述的内容，也是帮助我们明理开悟的。国学经典，我主张多诵读、研修《大学》《中庸》《周易》《道德经》《管子》《圆觉经》这六部经典，因为，这六部经典为我们提供了修身的目标和修身的方便法门，对于我们研修太极拳意义重大。此外，对《太极图说》(周敦颐)、《太极拳论》(王宗岳)、《修真图》、《心性图》、《内经图》、《易筋经》、《洗髓经》、《中气论》、《心经》等亦要研修之。

明理开悟，是为了更好地修行，更好地练拳，更好地在世间法中去做事情。

二、拳架筑基

好的拳架是太极功夫的基石。惜乎当代有些太极拳拳架，受西方文化或外家拳的影响太深，单一、标准、刻板，表演性强，内蕴不足。

真正的太极拳架，参天地之化育，法天则地，象形取意，动静一如、内外相合、节节贯穿、正反扭环、沉飘浮腾、大小圆融、阴阳平衡，演练起来千姿百态，内蕴无穷。好的拳架，运动量极大，消耗量极少，并能形神俱妙，是证悟儒、道、佛所倡导之境界的有效途径，是真实不虚的社会人生和天地虚空的实相。好的太极拳拳架是最好的过河之筏，帮助我们认识真理。

拳架筑基，重要的是通过状态锤炼之，千万不要从拳架是否正确、是否标准来考量之。

以心行拳，何来外相之拳架的标准与否？心生万法，如果真能进入状态练拳，则每练一遍，招式招法和动作姿势都会有所变化和不同。

拳架筑基，乃筑沉飘轻灵、内外融通、躯体通透之基石，也就是道家所言“添油续命、修房补漏”后的内在修为之要素的积攒。

三、内求本具

太极拳之所以被称为内家拳，乃生命意识向内的运用、探寻、回归、内省，目的是开启自家身心性命的宝藏，这种宝藏，是人本具的功能和潜能，深埋于人的生长化收藏以及生老病死的所有季节和过程。不生不灭，不增不减，隐而不显，显而无形，是我们修炼太极拳的终极目的和终极走向。

具体来说，神明、意专、气足和形柔，是内求太极功夫的内容，亦是开启本具疆域的唯一钥匙。

内求本具的入手功夫，一定要逐渐做到意在“有意无意”之间，动在“虚实变化”之中，气在“开合出入聚散化”之过程里。

四、熏修为道

修道，是人之本分，人一出生，就熏修后天智识，混化先天本能；长大成人，则需日久天长地修筑自己的人生大道。

道不同，不相谋。相谋者何？道也！

道须臾不可离也。道是规律和法则，道是路径和诀窍，道是不可思议的存在。

太极就是道。拳就是承载、容纳这个道的无相之器皿，是拳拳服膺之心的天性使然。太极拳之道，在国学典籍中，在古圣先贤的行为方式中，在拳架招式的内气外气的交换中隐藏着、蓄纳着、流通交换着。在太极拳架中，则必须做到周身上下“无使有缺陷处，无使有凹凸处，无使有断续处”（王宗岳《行功口诀》）；在行为方式、生活方式中，则“是故将致太平者，必先调阴阳”（《太平经钞·乙部·和三气兴帝王法》）；在万物中，“夫血气之属必有知，凡有知者必同体，所谓真净明妙，虚彻灵通，卓然而独存者也”（裴休《圆觉经·略疏序》）……

如何让这个天性发挥良能，天机运行，展露本来面目？清香一炷，氤氲当下。

清香就是我们向道的心，就是行为方式、生活方式、思维方式。具体来说，就是实现太极生活化、生活太极化，行走卧坐，不离太极，时时刻刻，以太极思维为参照系，以理作意，以意会心，以心燃灯，以灯照明，以明见性；以拳架为筏，日日渡河，每一日，拳架之模样，是变易、不易、简易的融合，含三为一；内求本具，自然天成，无内无外，本真如是。

道，不是学出来的，是修出来、熏出来的。如何熏修？沉潜磨洗，默识揣摩。

第二节　五大内在素养

前面说过，真正的太极拳，是融太极拳架（套路招式）、太极术功（内功心法）、太极思维（太极智慧）为一体的拳学体系。因此，简单地学会几个太极拳套路并不是真正学会太极拳，还必须具备诚信、立志、磨砺、体悟、行动五大内在素养才行。这五大素养是探研太极拳真谛的基础。由此可以看出，太极拳不仅仅是祛病强身的养生术，亦不仅仅是“上医治未病”之免疫力锤炼的精要之一，更是弥漫中华气息的成功学和心理学。

一、诚信

当代人学任何知识都把怀疑放在第一位，结果就会错过很多机缘。笔者的朋友，香港权智集团的董事长、立法会议员谭先生学太极拳的时候，他的太极拳老师说，现在流行的太极拳有三大类：其一是有为境界的，其二是有无境界的，其三是无为境界的，你学哪种？他问，哪种太极拳最好？老师回答："无为境界的太极拳！"结果，谭先生二话没说，马上把有为境界的套路招法放下，直接进入无为境界之太极拳的学练。为什么能放下有为境界而选择无为境界的太极拳？因为他非常相信老师说的话，没有分别心。

"诚"字怎么写？一个言字旁，一个成功的成，一说话就成功，这就是心诚——干事情，靠自己的力量去做，才能把事情做成功。成功的关键就是精神专一。从里到外是一致的，心念一专、一诚，就把意识的力量贯穿起来了。意识里面的力量，包括神、意、气，也包括形——一句话，就是把神、意、气、形全部集中起来。

过去讲"心"的作用，心诚，实际是说，在说话之前，先有意而后有言，有了意念才说出话来，意念和声音结合到了一起。如果这个"心"，这个意识，不是很专一，乱七八糟的什么都有，那就不行了。儒家在《中庸》里讲"至诚之道，可以前知"，心要是诚，事情还未发生，就能提前知道。

诚心诚意地相信是探研太极拳真谛的第一大精神品质。

二、立志

20世纪80年代有个电影叫《神丐》，主要讲的是杨式太极拳创始人杨禄禅。杨禄禅一开始去河南陈家沟拜师，师父认为他条件不好不收他，他又找了几位老师也未果，就又回到陈家沟，装哑巴，每天去陈家门口要饭吃，和看门的老头混熟了，晚上就睡在门洞里。一天下大雪被冻昏迷了，陈家就把他收留了，当个哑巴养着。他白天扫地、买东西、侍候人，晚上到后院趴在墙头偷看陈家练拳。看了之后还得自己练，白天怕别人看见不敢练，得夜里偷着练。因此，他白天有时困得走路都摔跟头。这样过了几年。有一天看人练太极拳推手看得入神了，失口叫了一声“好”，被抓住了。那时偷人家功夫是要处死的。陈家弟子有人主张把他杀了，有人主张挖眼睛，有人认为应该点哑穴。

陈家的师父问他怎么回事，他拿出过去老师写的推荐信说明原委，经查证确有此事，主人感叹地说：“孺子可教！”本来陈家已经关门，不再收徒，但后来破例收下了他。他把偷学来的拳路一表演，真是不得了，功夫竟超过陈家的弟子——最后杨禄禅成了太极拳历史上仅有的“杨无敌”“软十三不敢粘”。

杨禄禅能取得这样的成就，关键就是他有一定要学好太极拳的愿望。愿望一定下来，就会产生行动的力量。所以，我们探研太极拳真谛的时候，要发一个把它练好的愿望。从成功学的角度来说，立志是树立目标，从笔者所学的内功太极拳、水性太极拳的角度来说，立志是行动之前的“意在先”，学拳之前的目标定位。

三、磨砺

最有名的例子是禅宗六祖的故事。六祖本是打柴的，家里很苦，只有一个老母亲，打了柴，卖钱买粮食，养活老母亲。有一次六祖听人念《金刚经》，觉得很有意思，就跟他老母亲说要去学佛，母亲就让儿子出家去了。到五祖那儿，和五祖对了几句话，五祖一听，这人有来历，就吩咐他：舂米去。舂米的工作做了八个月，其间经历了许多身心的磨难，五祖就把衣钵传给他了。

有来历、有培养前途怎么反倒舂米？因为要想长本事，没有健康的身体不行，得干些苦活，使身体健康了，内在的精气神才能充足，精气神饱满，有能量，遇到大的磨难和困难才过得去。身体不行，一点力气也没有，哪能谈得上长本事？

六祖不仅开悟了，而且有修有悟有德，这是干累活干来的呀！六祖舂米八个月舂得很苦，因为六祖个子不高，体重较轻，踩舂米椎压不下去，因此必须在腰间绑块石头才行；此外，还要排除一起做事的和尚的干扰等等。在这样的环境下他一直干了八个月，吃了很多苦，锻炼出很强的意志力，功夫也就成了。

其实，古人练功夫到了一定程度的时候，都会通过做事情来磨砺身心，只有这样，才能把意志的力量锤炼出来。

笔者的几位老师收徒弟，都喜欢挑选经历过许多事的人，因为这些人经历过生活的磨砺，意志的力量比较强，情绪稳定，太极拳的功夫能练得深入扎实。

四、体悟

如何锤炼悟性，最主要的方法就是以理做意、借假修真。以理做意，就是通过读书（读相关的太极文化、中华传统文化的经典著作，因为太极拳的思维是以中华传统文化为基础的）来琢磨其中的道理或体悟隐藏在文字里的奥妙，然后用在太极拳功夫的锤炼上（其他任何身心健康方法及学问都同此理）。借假修真，就是一开始的时候，我们要通过看不到、摸不着的精神气质的锤炼——用形象思维的方式（模拟想象的办法）来比喻性地了解它、体察它、感觉它、悟觉它（太极拳之规律的把握），从而逐渐从有为境界过渡到有无境界，从有无境界进入到无为境界，达到太极拳“全体透空，应物自然”的“阶及神明”境界。

五、行动

我认识的太极拳老前辈中，唐老是通过自学、自悟等方式而掌握太极真谛的。他把自己体验到的“理”应用到揉手（推手）等实践中，许多太极拳名家都不是他的对手。

此外，笔者的水性太极拳老师，当年跟杨式太极拳名师褚桂亭等学练太极拳的时候，每天练拳七八个小时，后来，自己编创水性太极拳时，每天练拳九遍，这样，内在的太极功夫才积攒出来。

只有用自身的扎扎实实的行动才能真正触摸到太极拳博大精深的内涵。行动包括理论的揣摩和反复练拳。只有经历“默识揣摩”和拳打千遍的行动，太极拳的真谛才能“其意自现”。

第三节　为师之道与做学生的本分

“传拳不传功，传功不传诀”，这在传统太极拳界是一种“共识”，因为内功心法和诀谱一旦掌握（功夫上身），其展示的威力超过普通人的想象，一旦落在歹人、匪人、恶人手中，会给当师父的带来无尽的祸害，严重的甚至会危害社会的安定。所以，前辈传授太极拳均要择人传授。那么，择人传授的标准是什么呢？传统杨式太极拳“门里边”一直有“五可传”和“八不传”的“门规”，这是为师者及为徒者必须遵循的“戒律”。现把这“五可传”和“八不传”介绍如下，并略作一点解释。此外，我们还通过太极文化体系的构架，简述一下为师之道和作为学生的本分。

一、五可传

五可传：忠孝知恩者可传，心气平和者可传，宗道不失者可传，真以为师者可传，始终如一者可传。

忠诚心奉献国家，孝顺心侍奉父母，感恩心仁义众人。此三心具备或可传授。

心气平和指的是七情不被外物牵引，涵养道德，如此方能与太极拳的中和之性有天然的缘分。有此缘分，或可传授。

宗道，以探研太极之阴阳规律和运化法则为永恒的价值观和行为准则，并循此修正自身的言行举止、起心动念。如此终生不二之人或可传授。

只有真正把传道之人当成老师的人才可传授。如此之人，老师所授内功心法，才能变成物质能量，才能真正改变其命运走向，从而优化生命。

始终如一地习练内功太极拳及松腰太极拳、水性太极拳，进而抵达圆觉神明太极拳之境界，终生不渝。这样的人或可传授。当然，始终如一地学练其中的一种拳术也可以。

二、八不传

一不传不忠不孝之人，二不传根底不好之人，三不传心术不正之人，四不传鲁莽灭裂之人，五不传目中无人之人，六不传不知礼无恩之人，七不传反复无常之人，八不传得易失易之人。

不忠于国家不孝顺父母之人不可传授。忠贞报国为国家栋梁，所学之太极功夫可造福更多的人；有孝道，则家庭和睦，福报无穷。

根底不好，难以理解太极文化之形而上的深刻内涵和境界，比如虚而实、空而不空、有无相生、三道气圈等，其实都是真实不虚的宇宙真相。但先天整体性不好、心性不宁静的人，对之则不能传授。

心术不正之人，不能体会太极拳之根本大道；如传授之，恐其会用太极拳“技击之末技”去做邪事、恶事，所以，为师者不可不慎重。

鲁莽之人心虽不坏，但总把事情办得阴差阳错，太极拳之性情涵养，虽能帮助这样的人有所改变，然而，为师会无端地消耗很多心力，引渡之责，不可不慎重。灭裂之人，“口谩”而让人生厌，传之，则会损害为师者的名声清誉。

目中无人之人，自以为是，传授其技艺，总是眼高手低，不容易成就太极拳之“舍己从人”功夫。

“不知礼，无以立也”，立不起来的“阿斗”，会让为师者“操心不已”的无恩之人，轻则“心虚不下来”，重则“欺师灭祖”，所以要慎之。

反复无常则不能长久，不易把精神气质归于“中”，如此之人，心中没有片刻的宁静，学什么都不能成功。

得易则失易，因此，前辈先贤，都用“事上磨”的方式锤炼徒弟的心性，让其得之不易；得之不易，则在未来的岁月中不容易丢掉功夫，从而使得这门技艺能传承下去。

选徒弟时，老师根据以上“八不传”之要义来考察。这“八不传”和上面的“五可传”言简意赅，是杨式太极拳前辈智慧的结晶，我辈可循此而不断地修养自身之心性，从而让太极拳的内功心法和太极拳的智慧光芒真正造福于自身和社会大众。

当然，现代人学练太极拳大多数都不是为了技击而是为了修养身心，因此，“五可传”和“八不传”可当成戒律或修养身心的目标来实践，不可拘泥。然而，先辈的智慧确实是很有道理的。

三、传道·授业·解惑

传道、授业、解惑是对为师者的要求。

对于传承心性太极学的人，其内功太极拳、水性太极拳、圆觉太极拳的内涵，社会上并不多见，也很少能有人表述清楚。这和一般人平时所建立的参照系没有关系，而是一种以“心为令”为主导的参照系。在这种参照系没有建立起来的时候，如果没有为师者的口传心授，学练者是不容易掌握的。

传道——太极拳“内功心法”和“形而上”的理念，必须由为师者“以心印心”地把其中的规律和法则阐述清楚，并帮助学生（徒弟）领悟、实践这种规律和法则，从而“起心动念”都充满太极之道的智慧。传道的关键是帮助学生（徒弟）建立参照系（太极文化的参照系）。

授业——太极拳的技艺，是立命之基，是修身之本。这门技艺，为师者要不辞辛苦地“手把手”地传承给学练者，让学练者不仅知其然，也能知其所以然。这是为师者的职责。

解惑——太极拳和国学智慧之师，由于内在圆融无碍，因此，安抚学生的心灵，解决学生的疑难，开释学生的困惑，本就是分内之事。不能解惑的老师，不是合格的老师；不能让学生摆脱人生迷茫的老师，是失职的老师。

其实，古人对“师父”的称谓更能说明以上六个字的内涵，此乃为师者应遵循的原则和道统血脉相传的要义。

四、做学生的本分

1. 第一条本分：尊师重道

道是宇宙间最根本的规律、法则。太极拳，是将拳架姿势、内功心法、人生修养融为一体的道。如果把太极拳当成一法一术，就会只见枝末而不见整体，以致“舍本逐末”。天地之间，唯“道”才是最根本的。修炼太极功夫，一定要修根本大道，不能停留在一法一术上。

重道，实际上就是尊重太极文化（对于我们来说则是心性太极学）或者说国学和太极拳（我们统称为太极文化），对太极文化的理论和方法，要用虔诚之心来敬重，来领悟，来实现“功夫上身”。太极文化是对人的身心重新塑造的命运之手，是优化生命的智慧。命运即是生命运动。一个人有什么样的生命运动，就会有什么样的生命智慧。太极文化能提高人的生命运动水平，帮助人们获得真正的幸福，并进而促使学练者获得身心的解放和身心的自由（这是太极文化传承者自身的使命）。基于这样的认识，每一个探研太极文化的人，都必须从内心深处敬重太极文化之理法。

尊师不是为了师道尊严，而是为了更好地继承老师的“真知灼见”。这些“真知灼见”会引领着自己前进，从而使自身的智慧和能力不断获得提升。对于这样的老师发自内心地敬重，就容易和老师的思维同步，从而能较快地通过老师来激发自身的生命力。此外，还要把周围的人都看成老师，这样，见到好的，向他们学习，赶上他们；见到不好的，提醒自己不要犯类似的错误。这就是孔子所说的“三人行，必有我师焉”“见贤思齐，见不贤而内自省也”。

如何尊师重道呢？使自己经常保持恭敬和谨慎的状态，精神集中而不散漫懈怠，宁静自然而不浮越张狂。作为太极文化的探研者，一生至少要有三个老师。第一个老师，传授太极功夫的师父；第二个老师，以圣贤为师，经常诵读圣贤的智慧结晶——经典著作；第三个老师，以大自然和自性为师。一定要让自身的精神气质和大自然的生命气息相互融合，所谓的“生物之以息相吹也”，“扩得生机充天地，妙用全在一炁中”。如果能做到这些，就能抵达周濂溪诗中所云的境界了：“昔本不迷今不悟，心融境会豁幽潜，草深窗外松当道，尽日令人看不厌。”

2. 第二条本分：道律身心

探研太极之道，实际上是用太极之道濡养身心，使身心获得健康，使生命获得优化的过程。如何濡养？道、律、身、心。

道律身心，就是用太极阴阳变化之规律来锤炼身心，来修养人生。“阴阳者，天地之道也，万物之纲纪，变化之父母，生杀之本始，神明之府也。治病必求于本。”从中医的角度来看，把握了阴阳之道，不偏不倚，保持“中正安舒”，就能“治病必求于本”，就能“上医治未病”；从人生事业的角度来看，把握了阴阳变化规律，就能使自己不管处在人生的什么状态，高潮也好、低谷也好，胜利也好、失败也好，都能以平和的心态来应对之，因为他会懂得高潮、低谷、胜利、失败都不过是阴阳之变化的过程，从而顺态势起心动念，循变化而洒扫应对，进而与道和心，与心和妙，很好地实现人生的所有规划。

道律身心是改变命运的有效途径，是修养人生的活水源头。萧天石说：“惟修养可以变化气质，惟修养可以提高人格，惟修养可以完成事功，惟修养可以光辉人性。”修养是道律身心的核心秘诀。我在《健康成功学》一书中提出了道律身心的六大方略：诵读经典、话疗解压、音乐调整、松散训练、中庸境界、慎独律己。这其中的松散训练、中庸境界、慎独律己均是从太极功夫的修炼中所体悟的方略。此外，“心中一静”可帮助我们宁静致远，“身如钟鼎”可帮助我们沉稳充实，“其大无外，其小无内”可帮助我们内外融通，“意在形先”和“意囊括气”可帮助我们把握先机，掌握一种发展的趋势，“浩然正气”和“常乐我净”可帮助我们勇于担当，不动于心……

3. 第三条本分：心念专一

本人所倡导的心性太极学讲究“心为令”“心意用功夫”。这里的“心”仿佛有些虚无缥缈，不好理解，其实指的是“神”。“神”通“心”。神指的是精神、气质、眼神、元神、意之发轫点、意元体等。总之，不在于什么名称，而在于一种特殊的生命境界，是人最高级、最智慧的状态。心神是清澈透底的湖水，波纹不起，心神是真正做主的主人，是本性之圆满圆融圆通，是觉悟的智慧之花。

念指的是意念、念头、想法、识神、思维等。人的头脑总是念念相续，总是想法丛生，这样的“念”和“想法”不是心性太极学所推崇的，而是必须想办法或通过某种途径战胜之、抛弃之的。因为这样的“念”和“想法”是不符合太极文化理念的思维方式。

念是湖面的波纹、涟漪，是做主的一刹那间的决断之力，是本性圆满圆融圆通的满、融、通的随缘而化，是智慧之花绽放的空间和时间。心性太极学所倡导、所训练的“念”是一种能力、一种没有杂念的思维方式，这种方式我们称之为“专一”。“专一”在传统太极拳理论中称为“专注一方”“意注一点”“发落点”等。专一才有穿透的力量，专一了，混化的力量方能展现，专一是成功的路线图、航标灯。

心念专一，才能让我们的生命活动逐渐形成“节奏”感——有序化。有序化程度越高，生命优化和生命跃迁才越有规律可循，才越有矢志不渝的力量可凭借。

心念专一习惯的建立，对于学练太极功夫的人来说是非常重要的目标，不可等闲视之。

4. 第四条本分：一门深入

一门深入是成就任何学问的正确途径。一般来说，一门深入至少要管五年。五年之后，才能实践《中庸》中所提出的学问之道：博学之、审问之、慎思之、明辨之、笃行之。

实际上，心性太极学并不仅仅是一套拳法技艺，而是从根本上促使人实现自由自觉的功夫之学、人生之学、智慧之学。

功夫之学，必须用时间和生命的力量来攻克之。古人说："功夫者，克功也。"功夫之学的锤炼，本人主要以太极内功筑基法、太极桩法（无极桩、川字桩、混元桩）、太极松腰法、太极面壁法、太极内壮法等基础功夫为基石，配以内功太极拳、松腰太极拳、水性太极拳、圆觉太极拳进行自我的修持，感觉确实对自身功夫的提升有很大帮助。

人生之学，必须用"事上磨"和日常生活中的言行举止来实践之，这就是太极论中所说的"默识揣摩"。太极文化的人生之学，可以通过三大悟觉（一门深入、十方参学、静坐冥想）、三大老师（以师父为师、以圣贤为师、以自然和自性为师）的途径来帮助实现。

智慧之学，必须从起心动念和"时机奥妙"处入手来修炼之，如此方有"豁然贯通"的可能。太极文化的智慧之学，必须以三大道统（儒家道统、道家道统、佛家道统）、三大境界（有为境界、有无境界、无为境界；世间法、出世间法、出世间上上法）的途径来帮助实现。

实际上，这也是心性太极学对整个太极文化，乃至国学和太极拳整体混元、传承学练关系的认知。

第四节　修炼观

在中国，太极拳是最有群众基础的一项体育运动；在国外，外国人则把太极拳当成代表中华文化特质的文化遗产来看待。

许多人都练过、接触过太极拳，所以，任何人都可以对太极拳谈一些看法。我现在也谈一下我对于学练太极拳的一些看法，只是不知道是否能让大家理解我所谈的一切，但愿不要把大家说糊涂了。

一、感受各家论述

我在《伴你一生是健康》一书中曾写过关于太极拳的纪实文章，题目是“中国：刚柔相济太极魂”。现在，我把其中的第五部分引述如下，以便让大家了解一下相关的太极拳家及普通人对太极拳的认识。了解这些人的观点，有利于加深我们对太极拳重要性的认识。

一位法国人表示，他们希望通过学习太极拳来领悟中国传统哲学的奥秘。德国亚琛有一位东方文化的痴迷者，在中国的杭州得到了一幅中国书法家写的《太极拳论》的书法作品。他把这幅书法作品挂在自己的东方文化工作室中，每天欣赏，在他看来，《太极拳论》的作者王宗岳是中国一位了不起的哲学家，其中“太极者，无极而生，动静之机，阴阳之母也”代表了中国人的一种宇宙观和世界观。

确实，太极拳是中国绚烂传统文化宝库中的一个组成部分，它犹如昆仑山上的一棵灵芝，既是壮丽山河的一个点缀，又是巍巍大山所养育的一株仙草。它所以内涵丰富，博大精深，是因为它生于中国传统文化的沃土中，它的根深深扎入中国传统哲学、中国传统养生学、中国传统医学、中国传统美学等多学科的广袤深邃的海洋中。

经常在北京天坛练陈式混元太极拳的冯志强先生更是经常用比喻的语言来表述太极拳的妙处。他说：“练太极拳就是天人合一的过程，就是吐故纳新的过程，就是在空气中游泳的过程，就是画美丽的太极图的过程，就是一个培养自身的浩然正气的过程。”

“太极拳是中华民族智慧的结晶，有着极其精湛的拳艺和深刻而丰富的哲理。太极，是由人体内在的物质所产生的辩证运动；拳，是肢体动作的外形运动。太极与拳，即内形与外形的运动是辩证地统一的，必须以内形的运动变化来支配外形的运动，即用太极运动支配拳的运动，这便是‘太极拳’。”一代太极拳名家郝少如如是说。

余功保就学于北京大学物理系，但毕业后却在国家体育部门专门从事太极拳的研究。有人称他致力于把太极拳儒家化。他充满激情地说：“‘阴阳和则万物生’，太极拳充满了众多的‘矛盾’，或者说给人们提供了一种直接地体验矛盾及解决矛盾的实践方式。中国太极拳的主旨就是在发展中一直不断地致力于‘矛盾’的解决，从而完成更高层次上的‘和谐’。‘和谐’是人类社会、人体自身健康发展的理想境界，从一定意义上来说，太极拳给我们提供的远远不只是一门拳术。作为一个想不断完善、提高自身各项素质的现代人，你不能漠视太极拳。”

“一谈到太极，许多人就认为就是一个圆，一个空。但真正的太极又不能这样去理解，一这样理解就把太极理解偏了。圆，有形不实，有形而虚呀！是实而虚的。里边这个空，不是什么都没有，而是虚而实的——太极这么一虚一实，虚实交映，是在里边互相起作用的。对太极这个圆不能领会成一个平面的圆，而是一个球体的圆。圆是个球，是个体，任何一个太极都是个体，是个圆球，圆球周围是个边，有个边，这就是太极。要体会边上那个实而空。如果练太极不练这些内容，就是柔软体操了。太极讲一动一静、一开一合，要通过动作把内在的气势、内在的神韵、内在的中华传统文化的精髓表现出来。”在中国河北的燕山脚下，我听到了一位智者对太极拳的精彩论述。许多去请教的人，都暗暗地下了决心，一定要把独属于我中华的太极拳神韵练出来、表现出来、光大起来。用太极拳内里的神意气来充养我们自身的浩然正气，用太极拳阴阳变化的规律来把握我们每个人的人生大道。

“什么是太极拳呢？拳不是握紧了拳头去打人，而是以拳拳之心去把握太极运动的变化规律。”民间89岁（作者注，2011年已98周岁了）的老者铁恩方这样告诉我。

二、见相破相方见太极拳真谛

太极拳既然是印证国学的修身之学，是中华道统体系中最重要的组成部分，因此，太极拳一定要符合中华传统文化中知行合一的特质。虽然知道太极拳很好，但不深入其中，则太极拳是太极拳，你还是你，你和太极拳还是一种陌生的关系，太极拳丰富的内涵和身心修养的效应就不会体现出来，你对于太极拳的认识一定始终搁浅在道听途说的泥塘中。

在一些武术大家心目中，太极拳是有着独特风格的内家拳术；在匆匆忙忙从公园路过的上班族眼中，太极拳是一些“怕死”的老年人的养生之术；在外国人偶尔瞥过的眼神中，太极拳是有着东方韵味的中华文化的代表；在太极拳爱好者的感觉中，太极拳是冷暖自知的一种内在体验；在我看来，太极拳就是国学，就是心性太极学。

套用人们评论莎士比亚名著《哈姆雷特》的一句话，“有一千个观众就有一千个哈姆雷特”，我要说：“一千个听说过太极拳的人心中就有一千种太极拳。”

确实，太极拳的内涵实在是太丰富了。单从太极拳的流派来看，当今人们公认有陈式、杨式、吴式、孙式、武式、赵堡六大流派，但是，许多人还不满足于此，结合自己的体会，又不断地推出了自己编创的太极拳新品种。遗憾的是，这些新编创的太极拳除了少数几种之外，许多仍然沿着“太极操”的路子发展，太极拳的深刻内涵表现得仍然不够。太极拳的门派和套路多，其实都是外相，相如花朵，相由心生，有什么心——参照系，就会创编出来什么样的套路和招法，多不怕，多才丰富，才繁花似锦，关键的关键，是能不能见相破相。

见相破相，才能得见太极拳真谛。

国学经典中，圣贤们往往把最能代表这部经典的精神气韵和核心内涵的文字落在开头或第一段中，比如,《道德经》中的“道可道，非常道”,《心经》中的“观自在菩萨”,《大学》中的“大学之道，在明明德，在亲民，在止于至善”，等等。传统太极拳亦如是。杨式太极拳最核心的内容就是“揽雀尾”“单鞭”，因此，我的一位目前隐居在燕山脚下的恩师反复强调，一个“揽雀尾转单鞭就能练出太极拳的所有功夫来”。当年，他练杨式太极拳，这两个式子练了半年之后，才继续往下学别的式子。不像现在，很多人半年时间就已经把85式、88式或108式学会了，而实际上，一点功夫都存不住。恩师三年还没有把一套太极拳拳架学完，功夫却练出来了。

由是观之，心性太极学之“炼已筑基，祛病强身”阶段的内功太极拳及松腰太极拳特别重要；这其中，起势、揽雀尾、单鞭则是核心中的核心，必须反复演练，因为太极拳的精髓都在里边。

心性太极学之第二阶段——水性太极拳，85式，分三段（三路），要把这三段（三路）练出三式的感觉来，而且，要出来连绵不断、滔滔不绝、起伏跌宕、辗转腾挪的气势才对。

心性太极学之第三阶段——圆觉太极拳，没有招式和心法，由心而生，本具圆觉。

三、改变思维，建立新的太极观

是的，在中华这片土地上，还有这样一种太极拳——自然、柔和、优美，以每个姿势是否舒适是否流通为检验标准，着意体现松稳慢匀、松空圆满、松化静定、松静无为的运动特点，具有极大的养生和开智功效。

是的，在中华这片土地上，还有这样的太极推手——门内进行身上功夫修持的训练，不是比输赢之竞技比赛——没有打人之心，要有扶人之心；没有胜人之意，要循戒力之规；无拨拽拉挡之招式，而现不招不架不搡之态；具备不凶不狠不烦不躁之情志，凸显佛手、佛脸、佛心之境界。这样的推手，将人弹、发、放到拙力所远不及的距离，被发出者，还感觉特别开心舒服；这样的推手，不弹、不发、不放，只为了帮助对方提高功力。

是的，在中华这片土地上，这样的太极拳，在开始、运行、起止、变化的过程中，以身形和神意气所引起的阴阳之变化实现着天地人一气贯穿的修为。

是的，在中华这片土地上，这样的太极拳，涵盖太极内功、太极拳架、太极道等含三为一的心性功夫，从而让学练者觉得奥妙无穷，并不断有见相破相的惊喜，从而妙趣横生。

这样的太极拳，在中华文化的背景下，就是国学；在心性修为语境中，是明了个中意味的太极拳。

这样的太极拳，其修学要则如下：

1. 树立尊师重道的思想

尊师，就是要尊重并理解太极拳老前辈和古圣先贤，要感谢他们在百余年、上千年的世事纷纭和历史沧桑中，痴心不改，默默探研，不管是经历颠沛流离的生活，还是在铲除“封建毒草”的年代，他们都以一生的时光来传承真正的太极拳。重道，就是不要把这些太极拳当成一招一式的技巧和与人比高低的秘密武器，而是要把它当成值得用一生时光来追寻的国学之道、人生之道、太极之道，也可以把它看作一种在潜移默化中滋润身心的体系。这个体系不是按照西方的标准来衡量的，而是沐浴中华道统之阳光雨露，是为了让人的智慧和能力成为自由自觉自主自控的思维方式、生活方式、工作方式。因此，我们说太极拳和国学——心性太极学，是自成体系、独辟蹊径的实践方略、人生哲学、科学殿堂。

2. 站在国学高度理解太极拳的内涵

当代的中国人一出生，就习惯按照现代西方科学（局部的、逻辑的）的模式来改造人的先天本能，并在后天的学校教育中，不断改造着、异化着中国古圣先贤千百年来所积淀下来的整体生命观、混元人生观、太极思维参照系等。这样一来二去，国学和太极拳所强调的无极、太极、阴阳、三才、四象、五行、六合、七星、八卦、九宫、天人合一、心为令等内涵，在日常生活中、在思维中就荡然无存了。等有一天我们试图用心灵来感觉、来理解国学和太极拳的时候，却在自觉和不自觉之间，怀疑它的真实性和曾经拥有的辉煌。就是一些对太极拳有所了解和认识的学者、太极拳家，也不能深入国学和太极拳兼容的独特语言符号和内核空间，甚至一生都在太极拳的门外徘徊。为什么会出现这种情况？原因是后天养成的思维习惯阻碍我们接近太极拳的土壤。从西方传来的体育锻炼模式，大都是从形体入手的，所谓的外向性的思维方式；而中国的国学和太极拳则主要从内里入手，所谓的内向性的思维方式。古希腊早就有人说：“要想健康，跑步吧！”而中国的太极拳，则强调“意在先，气催形”；国学倡导内省和躬行。跑步说的是形体锻炼的方式，而太极拳的“意在先，气催形”则涵盖了神意气形各个方面，国学的内省和躬行，则是由内而达外的人生修养。并不是我们在这里孤芳自赏，主要是东西方文化——西学和国学的差异，造成了两者之间的不同。基于此，我们学太极拳，一定要站在国学的高度来理解其中的核心精要。

3. 明确自己的学习目的

学术界大多数人认为是张三丰创立了太极拳，那么，张三丰创立太极拳的目的是什么呢？王宗岳在《太极拳经》中注云："此系武当山张三丰祖师遗论，欲天下豪杰延年益寿，不徒作技艺之末也。"可见张三丰创太极拳的初衷是延年益寿。道家修道的主要目的是长生不老，能否达到姑且不论，道家多高寿则是不争的事实。一般来说，现在学练太极拳的目的也应该落到此处，否则就违背了张三丰创太极拳的目的了。把太极拳作为与人一争长短的技击之术，确实糟蹋了太极拳。当年杨式太极拳创始人杨禄禅被人称为"杨无敌"，但他最让后人难以忘怀的，却不是打败了某些人，而是他让太极拳这种延年益寿的功夫被世人所知晓，并形成波澜壮阔的持续百年的太极拳学练热潮。由于历史原因，太极拳的内功心法、太极拳的智慧精髓，少有人知，不过，这也为我们珍视它、理解它、受益于它埋下了伏笔、增添了理由。有幸继承这种独特文化的内涵，我们身上就多了一分责任：在自己受益于它的同时，也有义务让更多的人也得到它的福泽。也许我们一下子不理解、不习惯于太极拳的内功心法和太极拳思维模式；但是，我们却可以在内功心法和思维模式的滋润下一步步精进，有一天蓦然回首，我们会发现，自己已深入其中很久了。

4. 按内功心法的要领来理解、来学练太极拳

内功心法是什么？内功心法就是人的神意气的集合体、能量之集中。一般人学练太极拳，往往先学拳架套路，殊不知这样一旦养成了习惯，就离真正的太极拳越来越远了。有人说："我先学架子再学内功心法。"其实这是不了解内功心法乃是精神上、心灵上、气质上、意识上的一种修炼的表现，如果拳架子形成了习惯，内功心法"意在先"就有了障碍，就会形成意识屏障，阻碍"意在先"作用的发挥。太极拳是阴阳拳，阳面的动作虽然很好学，但是，阴面的神意气却是太极拳能否真正改变自身的健康状况、能否提升功夫层次的关键所在。一般来说，神指的是精神、眼神、生命力的外显，同时，还指意念的发轫点（佛家有明心见性之说，这个“性”其实就是自己能体察到意念的发轫点了，当然，这是很高的境界，常人可能很难理解，我们只是一种比附、一种形容）；意念指的是自己的念头、想法、思虑，这个念头有正念和邪念（杂念）之分，在按照太极拳内功心法规律行拳时，目光和着意念落在茫点、鹄星、胯圈或者虚空处、眼观六路的所有空间——既在又不在的地方，则这个意念是正念。如果在练太极拳的过程中想其他的事情，如中午吃什么饭等就是邪念（杂念）了。练太极拳就是要训练我们多正念，少杂念，进而没有杂念，实现专一心念，即太极拳所说的“专注一方”。气是构成我们生命的一种无形无相的特殊物质，不过，平时一般人感觉不到气的存在，然而，习练内功太极拳、松腰太极拳、水性太极拳均可较快感觉到气的存在。通过不间断的练习，做到了“气遍身躯”，则功夫就上身了，疾病就不会随意侵犯我们了，此时，也就抵达“全体透空”的境界了。当然，在具体的操练过程中我们要只管意念不管气，气是在意念的引领下发挥作用的。神意气的修炼是最根本的修炼，这也就是太极拳论等经典著述所说的“心为令”“意为帅”“气为旗”的内在含义。

5. 在日常生活和练拳的过程中训练内心的愉悦感

杨健侯与人揉手的时候，是面带微笑的；汪永泉老师平时看起来很严肃，但是，他打起拳来或者与别人揉手的时候，面部表情则很随意、很自然；魏树人老师练拳时好像是用微笑催动着姿势，他与人一接手，心中一沉着，太极拳威力立刻展现，想让人跳到什么方向人就跳到什么方向。为什么练太极拳要始终使自己高高兴兴的？原因就是人一高兴，气血就能更好地流通，就会减少忧愁烦恼，有些人只是一念之差，功夫就走样儿了。对于控制情绪问题，有的人以为这不是练功夫，其实这是真正的练功夫，是练神意气通畅无阻的最好方法。在揉手实践中，如果我们特别严肃，使出的就是拙力，让别人很不舒服不说，自己也会有些不舒服；而一微笑，再那么意念一动，对方就有可能会轻飘飘地跳出去。微笑是让内心世界和头脑里边灵明起来的诀窍。头脑里边灵明了，“阶及神明”之太极拳大境界才有可能来临。

6. 在日常生活和练拳中锻炼自控能力

求知欲、练太极拳的欲望在日常生活和练拳的过程中要保持，不正常、不正确的欲望，则一定要抛弃。这是人生观问题。追求就是欲望，要控制自己，不让坏的欲望产生出来影响功夫的上进。过去，正式拜师时，一般师父会提出三条戒律：“第一，从现在开始，只可以听我一个人讲经说法，其他的任何法师、居士的讲经说法，都不准听；第二，不论是看佛经还是其他任何书籍，不经过我同意，一律不准看；第三，你以前所学的，我通通不承认，从现在开始，跟着我从头学起。”第一不准听，是把耳朵给塞住了；第二不准看，是把眼睛给遮住了；第三个是要求从零开始。道家也有戒律，如初真十戒、天仙大戒、无极大戒、智慧大戒等。守戒，其实就是给自己订很多条条框框，使自己不去违犯它，这样自控能力自然就会提升。为什么要有戒律？戒律是为了使思想、行为正确，杂念减少，从而使自身神意气少消耗。如果想取得好的国学和太极拳修学的效果，就必须有所约束，有约束才能产生精神的力量，才能有前进的动力，才会不断进步。我们认为，学练太极拳，一定要：戒烟，少喝酒，不参与赌博、吸毒等有害身心健康的活动。

7. 坚持而不刻苦，舒服而不别扭，愉悦而不拘谨

许多太极拳著作要求学习太极拳的人刻苦练功，说只有苦练，才能出真功夫。其实，这是以前老师考验徒弟的一个策略。有些人刻苦盘拳架子，经过千锤百炼的磨炼，确实能出功夫；但是，臻于大乘的却很少。有些人闯出了很大的名气，但寿命却很短。为什么？因为神意气并不是只有练太极拳的人才能练出来，不练太极拳的人也有，佛、道、儒的修持也讲究之。神意气是每一个人都具备的先天素质，是人之所以为人的重要构成部分。太极拳内功心法和太极拳智慧熏修，是让人能运用神意气——就像外国人学使筷子，并不是筷子不存在，而是他们不会用。练好太极拳一定要建立太极拳的思维模式。太极拳的思维模式不强调刻苦练拳，如果太刻苦，则在练的过程中，内心很难放松下来，身心不放松，则神意气就会滞住，不容易把功夫练出来，身体健康也会大打折扣。所以，我们提倡每天都要坚持练习几遍太极拳，但内心里边，一定不要有我正在刻苦练拳的概念。练之前要重视，练的过程中要特别随意（姿势不刻板），特别放松（精神不紧张），特别愉悦（面带微笑、内心高兴），特别无所谓（不去分辨神意气形的对错）。总之，练的过程是一种美的极致，是一种精神的享受，是气血流通后的通体舒畅。

第五节　功力观

浸润太极拳多年，听闻过很多太极拳前辈所讲述的宛若传奇般的太极功夫之逸闻逸事，我相信这也是很多人之所以选学太极拳的缘由。

比如，有一则“一羽不能加，蝇虫不能落”的故事，就收录于《汪永泉授杨式太极拳语录及拳照》：

有一名叫德清僧的和尚，找杨禄禅比武较量，刚一出手就被击败。他向杨请教太极功夫。当问到轻灵功夫的奥妙时，杨没有回答。见有一燕子飞来，低绕近身，杨就用手把燕子抄到手中。右手托燕，左手抚摸，让燕子飞走。燕子振翅想要飞走，但飞不起来。这是因为鸟必须先用脚蹬上劲儿，才能起飞。燕子在杨手中，找不到着力点，蹬不上劲儿，刚伏下想要蹬脚，振翅起飞，就趴下来，如此三次没有飞成。和尚很惊讶，说这真是神功。杨笑着说，不能说神，练太极拳稍稍长一点，全身轻灵，一羽不能加，蝇虫不能落。

这样的故事，很多当代人或嗤之以鼻，或心怀向往。我们不争论这个故事是真是假，却必须要明确，这是太极拳之功力的一种描述。

学练太极拳，必须要明确自身学练太极拳的目的。

因为，目的不同，体现出的功力标准也不同。佛家功夫的功力体现是明心见性，成菩萨、佛的果位；道家功夫的功力体现是炼心见性，修真成仙；儒家功夫的功力体现是存心养性，内圣外王；医家功夫的功力体现是治病救人，颐养天年；武家功夫的功力体现是保家卫国，克敌御辱。因此，毫无疑问，古代的太极拳之功力观，则一定体现了那个时代的标准：克敌御辱等；其实，太极拳的创立者、集大成者，更强调太极拳的另一个功能："延年益寿不老春"。

真正的太极拳，是集儒道佛医武功夫之大成的，其功力标准，则不能单一地按照一般武术、武功的标准来理解；太极拳是文化拳、智慧拳、养生拳、阴阳调和拳，其功力标准，必然沉淀着中华文化之无限魅力和太极拳武拳文练的大智慧。

太极拳的功力，首先体现在身心性命自我优化和身心健康水平上，体现在为人类造福上，因而，它的功力观重点应着眼于现实的人与对社会的贡献。

主观方面，主要表现在祛病、延年、健美身心、开发智能、增强做事业的能量等不同层次的效果上。具体来说，是身体强健、气血流通、精力充沛，精神专一、思维通达，性情得到了陶冶，道德得到了涵养，智慧得到了开发，工作效率有了显著提高，待人接物的水平有了明显提升等。

总之，不能让太极拳仅仅满足于自我标榜的曾经打败过什么人的胜负之争、意气之争、门派之争。

王道是太极拳的本质，舍己从人是太极拳的修为，权衡轻重缓急是太极拳的日用，明了心性是太极拳的旨归。因此，我们要摆脱过去那种“玄乎其玄”“神乎其神”“战胜他人”“打得对方吐血”的功力观，形成百姓日用而又自知的现实的功力观，文明昌盛时代的功力观。

虽然太极拳必然精进成太极拳学、太极文化、太极智慧——太极功力涉及的领域会向纵深发展，这才是太极拳未来真正的发展之路，是真正的功力体现；但就现实而言，满足广大人民的需要、满足太极拳爱好者身心健康和“明心见性智慧融”之需要，才是最根本、最核心的内容，我们决不能脱离开这个根本点。

只有站在这个高度来看待太极拳的功力观，才能更接近太极拳的本质。

此外，笔者并不能代表整个太极拳界，因此有关太极拳功力观的问题，仅是从心性太极拳学的角度，略作一些蠡测而已。

一、事上修炼——炼己筑基，泽被大众

真正的太极拳，知己的功夫为第一要义，也因之，其功力观必然体现在日常生活上——看看能否把太极思维贯彻在美满家庭、和谐社会、发展事业上。古人认为这是“事上修”的功夫。思维通才叫神通，太极思维是中华核心思维，“易有太极，是生两仪，两仪生四象，四象生八卦”“万物负阴而抱阳”“阴不离阳，阳不离阴”等太极思维，是每个人日常生活中都应该懂得并实践之的，如是，才能炼己筑基——奠定思想基础，锤炼熏修出

一种阴阳相济、含三为一的大智慧，从而实现身心和谐、家庭和谐，进而实现社会和谐、人类和谐、天地和谐；获得儒家“修身、齐家、治国、平天下”，道家“逍遥游”于天地之间，佛家“六和敬”“十地菩萨”的功夫和境界。

二、行站坐卧，不离太极

古人讲：“行站坐卧，不离这个。”“这个”就是太极功夫的修为和修养。

1. 行：内固精神，外示安逸

从外形上看，就是步履从容，如清风吹拂，神态安详，精神专注；从功夫修为上看，每一步均能自然而然地呈现着沉浮升降和辗转飘腾——体现出能借地心引力和阴阳互济的功夫来。这样的人，可视工作中的紧张为休闲，视忙碌的生活为度假，视太极拳学的研修为游艺。

2. 站：顶天立地，不偏不倚

站立的时候，不管是休闲还是等人、和人交流，均能做到气定神闲，体松意充，自觉不自觉地能和天地相连，意念头顶着蓝天，脚踩着大地，从而实现天地人一气贯彻，继而一动无有不动，不动而又能照顾到左右前后上下，因时因机因缘而变换站姿。

3. 坐：坐如钟，不妄动

气血流通，则坐得稳；气血不通，则坐姿不正。古人言：“形正气正。”因此，一个有太极拳功夫的人，能几个小时坐着而不难受，不歪斜身体。老前辈讲，杨式太极拳创始人杨禄禅和八卦掌创始人董海川坐而论道三天三夜，但是，他们这三天三夜，形体放松，如古钟罩体，不动如山，坐而不疲，不歪斜，精神旺盛饱满。

4. 卧：卧如弓，灵敏心

卧如弓不仅仅指睡觉姿势，而且指没有练太极功时、没有演练太极拳时，招式招法、心法劲法、内气外气储纳归藏，不显于外，但是，灵敏之心已自然形成，“眼观六路，耳听八方”的习惯还在，只是视而不见，听而不闻。这样的状态，是内求法的状态，会让生命能量少消耗，多蓄积。

三、拳学修养——含三为一，调和为本

太极拳有三个名字，从哲理、学理上来论名为太极拳，此外还“一名长拳，一名十三势。长拳者如长江大海滔滔不绝也。十三势者掤、捋、挤、按、采、挒、肘、靠、进、退、顾、盼、定也”。

其一，理上开窍。

从太极拳学的角度来看，太极拳功力的体现就是，领悟到太极拳理论和中华文化之要义，贯通儒道佛医武，体悟、证道太极拳和中华文化是相互融合、合而为一、了无分别的——无极、太极、阴阳、三才、四象、五行、八卦、九宫、十方等中华文化符号相符合，事透彻，理无碍，则法无碍，则太极功夫融通。

其二，体现上善若水的境界。

从相上来看，太极拳的拳架套路，名曰长拳，实际上指的是动作套路演练时的境界。动作连绵不断，滔滔不绝，起伏跌宕，偏沉则随，忽隐忽现，折叠往复，飘腾圆转，驾虚摩空，乘幽控寂。太极拳拳架的功力检验标准，并不是以动作姿势慢来衡量，而是可快可慢，随心而发，凭外在的机缘和内在的发轫点而定，关键是，快而不乱，慢而不断，形断意不断，意断气相连。

其三，太极拳的每招每式，要体现一就是多，多就是一的特性。也就是演练太极拳时，要同时体现有和无——招式和心

法；动和静——身动而手不动，动作变化而意专一；重和轻——气沉丹田、地心引力和虚灵顶劲、飘腾轻灵、空和圆；得意忘形——动作姿势自然而然产生，同时高下、前后、正隅等动作姿势相互照应，协调性特别好，此为内三合、外三合的统一；“三观”境界依次实现——观想、观照、观自在，层层修炼、层层递进。总之，形成一个混元整体。此境界就是太极拳之八门五步的统摄，此为十三总势。

四、推手体认——知己知彼，止妄止力

太极推手并不是比输赢，而是太极拳拳友之间、师兄弟之间、同学同修之间，相互帮忙提升功力的一种训练途径。训练时间日久，会逐渐形成一定的太极功力。简单概括为以下几个方面：

1. 无中之中

和别人推手，要找对方的中，而自身在被推的过程中，有意识锤炼无中之中。“中”是始终处于阴阳调和的状态，根据对方的力量和状态而自动调节，可上可下，可左可右，可前可后，随缘而动，随机而变。

2. 无力之力

太极拳的戒律是“戒用力”，千万不能用肌肉伸缩之力，而是把能量（意气）和地心引力结合。简单说，左重则左虚，右重则右杳，把重量从某一个腿脚放置到地下，则通过地下流通，在另一个腿或脚上出来，实现身体整体的飘和腾。

3. 无向之向

方向和重心不能固定、僵化，要始终根据对方的动作姿势，使自身处于不对抗的沾粘连随中。手臂沾粘，意气连随；动作姿势，处于前进、后退、左顾、右盼、中定的状态，定于平衡流通

中，定于动静之机间。

4. 无根之根

断己根，乃自身有一定太极功力的基石。如何实现？脚如覆碗（好像倒扣的碗），身中垂直线如钟摆，膝盖、尾闾、意念好像在划“8”“∞”字；腰胯、身体内，如盘走珠，似水流，好像海里的船，不断地起伏、漂浮、荡漾。

五、效果验证——身心性命，全面优化

身心性命是中国古人对生命价值和意义的高度概括。学练太极拳，其最大的意义和价值是身心性命的全面优化和提升。因此，太极功力一定要在这方面有所体现。

身：人（心）的工具——皮肉筋脉骨、五脏六腑、四肢百骸、气血气脉均为人的身体，这是宇宙能量的结晶，人的精华（精气神中的精）所在和神气之家园。通过太极拳架、太极功的锤炼，这个家园，门窗敞开（穴位）通风好，道路通畅（气血流通）无阻碍，生命能量之仓库（上中下三个丹田）饱满（气血不亏）。

心：核心、心要、心法、中心（力发于足，主宰于腰，形于手指）——学练太极拳者，一定要懂得抓住核心和心要，能提纲挈领地考虑问题，举一反三，内省于自身的太极拳锤炼中；太极拳的动作姿势由心而发，要主动运用意识，同时又心念专一、专注；太极拳的动作姿势的转换之机在下丹田（腰腹），以此为因缘，可酝酿、滋生出动作招法和心法。

性：人的功能——眼耳鼻舌身意，人人具有，先天本具，是起心动念的发轫点，思维之参照系，意识活动的本体，明心见性之性，缘起性空之空。回归本性，是不被世俗之琐事屏蔽掉虚静灵明之本来面目。练太极拳，就是回归本性的运动。性空而生妙有，无为而无不为。太极拳的动作纯熟、心法灵明，无意之中有

真意。

命：地生养万物，人的生命、命运和使命合而为一，从此，生命运动规律符合天地之规律，符合四季和气血之生长化收藏的本然。命运走向符合自然之道，则心想事成。心灵调和着身体，使本性凸显，进而完成自身的使命，显出人的生命之光、智慧之光。

以上，是总结老前辈的功夫境界而提炼出来的心性太极学的功力观，当然也可以说是太极拳的功力观。

并不是每一个人都能锤炼出太极拳的全部功力来，普通人学练了太极拳，只要有一个方面突出，我们就可以说，这个人有了一定的太极拳的功力。

太极拳是艺无止境的功夫，是精益求精的艺术，是武道通仙道的方便法门，因此，太极拳的功力，永远是“无限风光在险峰”，攀登的过程，就是获得太极拳功力的过程。

第三章 太极拳和国学兼修的学问

第一节 释名及分类说

没有了太极拳，则太极文化就没有了根基。掌握太极拳必须了解何谓太极拳，太极拳有多少种类，以及太极拳的境界观，等等。

一、太极拳释名

前文提过，太极拳实际是以三个名字显现于世。

从理上命名谓之太极拳。无极生太极，太极含阴阳相济、阴阳互孕、孤阴不长、孤阳不生，乃至含三为一等形而上的思维方式。这种思维方式，涵盖了中国古代哲学、史学、美学、艺术、文学、风水、易理等共同推崇的整体思维观和思想体系。

从相上命名谓之长拳。拳谱曰："长拳者，长江大河滔滔不绝。"在太极拳演练、自我熏修的过程中，在逐渐实现行拳走架的过程中，心如溪水、如明镜般清澈自然，无为流畅，“云无心而出岫，鸟倦飞而知返”；拳架之内涵展现于外，则如彩带飘舞、水浪激荡、波涛滚滚，连绵不绝。

从用上命名谓之十三总势。八门五步，合起来叠加联运，慢中有快，快里寓慢，柔里藏刚，刚中寓柔，阴不离阳，阳不离阴；身体内外，上下一如，前后相济；六合虚空，支撑八面，静中触动动犹静，十三势为一势，势势相续，不动而动，动而不动，混元一体，气势弥漫，从而实现“软十三不敢粘”。

太极拳理、相、用的同时参研，修之于身心，达之于事功，则太极文化的智慧之光必然会普照天地之间。

二、太极拳种

太极拳无疑是中华民族的瑰宝，但是，由于它历史悠久，学练者众多，从而在传承过程中不断分化，形成了枝繁叶茂的局面。

三世七太极拳、先天太极拳、混元太极拳、龙虎太极拳、岷山太极拳、绵山太极拳、闾山道家太极拳、邋遢派太极拳、九宫太极架、张三丰太极拳、武当原式太极拳、太极螳螂拳、无限太极拳、养生太极拳、八卦太极拳、循经太极拳、轮椅太极拳、开合太极拳、养心太极拳、四维太极拳、益寿太极拳、静功太极拳、自然门太极拳、东岳太极拳、无极太极拳、三星太极拳、四合一太极拳、李派太极七星如意拳、太极五星锤、武当顾式太极拳、原地太极拳、轩辕太极拳、自然太极拳、太极乾坤拳、太极两仪拳、如是太极拳等。这些名目繁多的太极拳，还不包括流行的（陈、杨、孙、武、吴）五大流派太极拳以及国家体委大力推广的竞技表演式太极拳。

这些太极拳有的来自历史悠久的传承，有的则源自个人的新感悟，比如，养生太极拳、东岳太极拳、循经太极拳、三星太极拳。

笔者恩师王壮弘先生编创了王氏水性太极拳——其风格独异，文化内涵丰富，是武拳文练拳、哲学拳、艺术拳、上医治未病拳、聪明拳、智慧拳的融合。

为什么会有这么多太极拳种诞生呢？因为太极拳是中国传统文化的重要体现，而中国文化的重要特征，是重内在的生命体验，重自身功夫修为，而内在的生命活动，不是死的、僵化的、刻板的，而是“心无所住”的过程，因此，不宜用外在的模式给予量化和简约化，否则，其丰富的内涵就会荡然无存。

有多少个读者就有多少个哈姆雷特，有多少练太极拳者就有多少种太极拳。

三、太极拳的分类

拨开支派繁衍、道统失真的太极拳之传承迷雾，我们可以发现，到目前为止，可以从太极拳的道统渊源、太极拳在当代社会的存在形态、太极拳的境界等内涵对太极拳进行初步的划分。

1. 道统渊源

从中华道统渊源的角度可以看出太极拳的渊源之深。

渊源一：儒家道统渊源。以易理证拳理，以“存心养性”和“浩然正气”为砥砺身心的归旨，从而正心诚意，以求“豁然开朗”。这从周敦颐、朱熹等理学大家的“中正安舒”“发而皆中节”“不偏不倚”等论述中就可以看出。体现在太极拳中，则以河图、洛书、太极阴阳、五行八卦（八门五步）为基础入门。

渊源二：道家道统渊源。把道家清静无为、自然返本、无中生有等思想融进太极拳的行拳走架中，以“修心炼性”“周身无处不丹田”为核心锤炼内涵，目的是追求“延年益寿不老春”。体现在太极拳中，则以道学消散聚合、公转自转、正反扭环、气化、上善若水为功用。

渊源三：佛家道统渊源。以身心之地火水风与大自然之地火水风互为印证，以见相非相为太极拳之功夫锤炼要义，目的是“断惑证真”，从而抵达“常乐我净”“明心见性”之人体本具功夫——佛性之境。体现在太极中，则以佛学本具、自在、空相、如是为究竟。

2. 存在形态

存在形态一：太极拳健身运动的存在形态。注重动作的标准划一、姿势优美，着重外在肢体的练习，以国家体委编创的太极拳（8式、16式、24式、42式、88式等）为代表。此类太极拳适合表演和竞技，方便学练，易于掌握，社区和公园中有大量的人群习练。此类太极拳的存在形态具有明显的借鉴舞蹈、杂技、外家拳的特点，动作招式的细节部分研究得透彻，但内在的心法和基本功则少有涉猎。

存在形态二：太极拳武学功夫的存在形态。以武术、武功的方式在国际和国内进行传播，参与一定的武术比赛和交流，拳架、器械、基本功比较齐全，以武林门派的风范进行传承。影响较大的有陈式、杨式、吴式、武式、孙式太极拳等。

存在形态三：太极文化的存在形态。融儒、道、佛、医、武之髓核，以太极拳架（动作套路）、太极术功（内功心法）、太极道统（智慧体系）含三为一（混元整体）的方式，催动人本有的神、意、气和外在拳架进行互动，实现身、心、灵（参照系）整体的健康和境界的提升，进而以太极功夫来体证中华道统文化的内涵，并把内求“阶及神明”“真空妙有”“明心见性”之本具力量作为修养身心的根本追求。

中华传统文化的核心是和谐，而太极文化蕴含“万物负阴而抱阳，冲气以为和”的智慧，阴不离阳，阳不离阴，阴阳中含三为一，混元整体，所求的是身心的和谐、天道和人道的和谐。从这个意义上说，太极文化是代表中华传统文化核心内涵的一种学问、一个体系、一个路径。太极文化的熏修和实证，会帮助有识之士提纲挈领地把握中华传统文化的精髓。

3. 太极拳推手

太极拳推手本身是门内训练的一种途径和过程，但是，近代以来，道统失真，这种门内训练的手段却成为社会上对太极拳的一种特殊称谓（以为这就是一种太极拳，甚至认为有些事情推来推去就是在打“推手”——推卸责任或不进行认真的交流）和表层认知，甚至还出现了以推手水平的高低作为衡量太极拳水平高低的标准。这其实是对太极拳最大的误解。太极拳推手是门内（真正太极功夫界）训练的一种途径和阶段性过渡的方便法门，我们先了解一下现阶段的推手特征。

特征一：用蛮力推手。目前流行的太极拳推手比赛就是这种存在形态，讲究力大推力小，以落地生根和不被推出圈外为目的。这就把本来是师兄弟之间的训练途径变成了衡量太极功夫高低的标准，降低了太极拳的文化内涵，完全背离了“不用力”“无力打有力”的太极技击原则。

特征二：用神意气推手。在一些老前辈或者某些推广太极拳功夫者的视频中，有些人把徒弟或配合示范者打得腾空而起。很多人感到很神奇，认为这就是太极拳高手的境界，这就是“凌空劲”。某些知道内情的人则对这种情况嗤之以鼻，认为是徒弟或示范者的配合，因为一些有蛮力者或者门外汉和这些示范者推手，则出现不了这种神奇的状况。以上两种认识，实际上都很偏颇。因为他们把师徒之间用神意气方式推手当成衡量功夫高低的标准了。神意气推手，亦是一种训练途径，是帮助对方把内气和外气融通，使周身变成整体的一种方略，并不代表推手的全部，只是阶段性训练的内容。

特征三：用阴阳互济方式推手。太极拳真正的推手，不是

“四两拨千斤”，也不是打败对方的太极技击，而是太极拳门内一个阶段性的训练途径，是感知地心吸力，建立不用力的习惯，并使腰腿、步法、身法（松腰、松踝、松肩等松的功夫）抵达无中之中、无向之向、无力之力、无法之法的阴阳互济境界的训练方式，目的是让神、意、气等方面进入体察思维的境界——身知、气知、意知、神知。

有了推手的基础，才有进一步进行穿手、散手训练的本钱。

4. 太极拳的境界

境界一：有为境界的太极拳。动作姿势标准划一，对眼神、手法、步伐、重心、用法等要求得详细认真，一招一式，甚至每一套拳的演练时间都有明确要求，此为有为境界的太极拳。此类太极拳，被太极拳名家称为太极操，但普及面最广，社会影响最大，属于体育运动的范畴。

境界二：有无境界的太极拳。实际上，进入了有无境界才算是功夫层面的太极拳。有和无同修方为真正的太极拳。这里的“无”其实并不是什么都没有，只是肉眼看不到。这看不到的“无”，传统内功太极拳称之为神、意、气，神、意、气构成了太极拳架的阴，动作姿势和皮肉筋脉骨构成了太极拳架的阳。阴阳含其中。

境界三：无为境界的太极拳。太极拳架、内功心法、太极道统融而为一，有化归于无，万法归一法，把握动静之机，知至至之，实现无拳架、无内功心法、无意之中有真意。如何达到这种无为境界呢？必须修炼具有无为智慧的太极拳，这样的太极拳，体现了用自身本具的重量和地心引力舍己从人的思维和实证，柔软可变之流体、风体，进退往来之点、线、面、体和超立体等八门五步之“软十三不敢粘”的精髓。这样的太极拳，研修起来，在开始阶段，好像是不可入，无门可进，不可思议，难以理解，但是，一旦进入，则无所不得，无为而无不为。

5. 太极拳的名称

名称一：名相太极拳、养生太极拳、内功太极拳。此类太极拳术，体现了浓郁的儒家和道家之学理，每一式都有内功心法，对神意气之阴和形体之阳的关系，表述清晰，概括明了，有利于学练者掌握真正的太极拳之关窍。掌握了其中的关窍，所积攒的神意气之阴和形体（皮肉筋脉骨）之阳就有了力量。物质基础雄厚了，就会改变上层建筑（思维方式、行为方式、生活方式），从而“详推用意终何在”，“延年益寿不老春”。此后，去理解大道无痕的水性太极拳，也就水到渠成了。

名称二：水性太极拳、火性太极拳、风性太极拳。此类太极拳术，体现了深刻的道家、佛家之学理。“上善若水”是对太极拳的最好命名，只是，水性还只是真正太极拳修炼的入门拳架，依次还要经历火性、风性太极功夫的锤炼，是人体之“四大”和大自然之“四大”的融而为一，目的是帮助印证“四大皆空”，并在生命历程中实现“四大皆空”。这样的太极拳，演绎的是自然的规律和宇宙的规律，开启的是本具智慧的功夫修持，其所特有的渗透力、穿透力、包容力，便于智慧和能力的提升（土性坚固，起支撑作用和运化作用，因此，水性、火性、风性的太极功夫，都是由土性生化出来的，所以，太极拳并不需要特别提出土性的练法）。

名称三：真空妙有拳、神明太极拳、圆觉太极拳。此类太极拳术，体现了浓郁的儒、道、佛之学理的丰富内涵，三学合一，以武证道，以道修身心。此类太极拳，拳法套路亦有亦无，内功心法归于本具智慧，七情六欲升华为中和；但，一举一动都是太极之象——无相之相、无有之有、不空之空，核心原则是“无中之中、无向之向、无根之根、无法之法”。此境界，表现在外，既是内功太极拳、水性太极拳，又不是内功太极拳、水性太极拳，而是融通世间法（智）、出世间法（智）、出世间上上法（智）——最后连个“法”也没有了，成为出世间上上。

太极拳真正的修炼内涵，是“舍得和放下”。有了太极拳功夫的一定修为后，“舍得和放下”将是修炼的重要途径，甚至是唯一的途径。这个时候，不能执着于自己是练哪一门太极拳，而应放下名相，放下拳架，放下内功，“四大皆空”，如是不执不偏，方能圆融；如是不贪不占，方能美满。

第二节　九大内涵

罹患疾病时，太极通过太极拳乃至太极身心疗法来帮助康复身体，祛除疾病。气力不足、能量不够时，太极通过太极功夫的锤炼，帮助重新恢复精力，并使之旺盛起来，从而强身健体。思考形而上之人生终极走向时，运用太极的思维模式可抓住事物的核心、根本、整体，从而获得超越常人的智慧和能力。

在当代，太极还可以与日常生活的更多方面相互融合，比如茶道、灸法、教育、旅游、休闲等。这还需要有识之士来深入地拓展，且必须在太极拳功夫有了一定修为的基础上，才能做更多的融合。实际上，老前辈讲拳的时候，往往也是在讲与大道融合之理，太极拳论中的“理唯一贯”可不是浪得虚名的。

杨式秘传内功太极拳传人汪永泉先生曾经常说：盘拳时，两腿非站非蹲，就如同坐在凳子上一样，这样练拳两腿才不受力，无荷重感，步伐的转换也会轻松自如。

关于坐着练拳的由来，汪先生曾有过一段亲身经历：一天他到杨家练拳，当练到“白鹤亮翅”时，师爷健侯公命其停住，吩咐道：“这个式子你站两个钟头。”说完就扭头回屋了。汪永泉保持白鹤亮翅的架势站着，时间一长，右腿和右臂酸胀难忍，有意识形成的固定姿势渐渐难以维持，然而又不敢违师之命，只好松松垮垮地怎么舒服怎么站着。约莫过了一个小时，关注着他种种细微变动的师爷才笑着走出屋子说：“这和坐着没有什么区别嘛！”由此汪永泉领悟了坐着练拳的诀窍。所谓“坐着练拳”并不是练拳时模仿坐姿，而是意想两小腿微微外开（非形动），两胯自然松开，臀部沉落，就犹如坐在实际的凳子上一般。

在学练太极拳的过程中，前辈们总爱用打比喻的方式帮助我们理解太极拳的真谛。水性太极拳创始人王壮弘老师晚年讲课的时候，最爱打比喻，这些比喻既是拳理，亦是身心修养之理——身如钟鼎，螺丝帽，转如车轮，千手观音，青蛙跳，鹰翔，松散如十三层塔，沉肩如捞水草，听水浪和看水浪，大海中漂浮的木棍，不倒翁，如猫捕鼠、鸡孵卵，大关节蛇形、小关节蛹动，如球滚地、盘走珠……

这些比喻，就是太极拳的指月手。只是，我们大多时候总爱把指月手当成太极拳的秘诀，从而不能“见如来”。太极拳没有秘诀，它是日和月的光辉，相同亦不同；它是昼夜的转换，总是在不经意间呈现。所有的比喻都指向太极拳的真谛；然而，必须透过比喻，找到其中的规律。比喻也许是相，我们的使命是见相破相。见相破相的根基，则一定要落在修身上——修养身心，才是修学太极拳的根本目的。

我认为，太极拳和国学爱好者，其修养身心的主要途径，应该是太极思维（龙和凤、河图和洛书、阴阳中含三为一等）、太极内功心法（筑基内功、心拳心法、行走坐卧不离这个等）、太极拳架（学练拳架、修正拳架、进入拳架、锤炼拳架、悟觉拳架、改变架子、脱出拳架、创造架子、无有拳架等功夫修行之阶梯）等内容的同修同悟。对于这些内容，为了便于传播，我称之为心性太极拳，在此基础上融入国学内容，形成了一个修学体系，我称之为心性太极学——国学和太极拳兼修的体系（见心太极架构图）。

这个修学体系，共有九大修养身心的内涵。

一、舒适为本，愉悦自我

许多练习太极拳的人都强调“刻苦练功”，但越“刻苦”越容易出现动作僵硬、精神紧张、神意呆滞的现象，不仅不能获得练太极拳的乐趣和所应有的健身效果，甚至有人还会出现因锻炼不得法而损伤身体的现象。

心性太极拳所推崇和传播的太极拳，讲究练拳时“找舒适”，找到舒适“舒适练”。因此，会越练越舒适，越练越愉悦，越练躯体气血越通达，越练内心越幸福。当代人生活紧张，因此，普及这种“找舒适，舒适练”的太极拳，对缓解压力、放松身心、促进气血循环、延年益寿很有好处。

二、自然呼吸，了无痕迹

我们所主张的太极拳，不强调用特殊的呼吸法。太极拳在整个演练过程中，应与大自然的山河日月一样，不过分地强调什么，更不去设定特殊的呼吸法，练拳时如果过分强调呼吸，则违背了太极拳自然无为的本来状态。

行拳走架的过程中不管呼吸，就如水入沙中，了无痕迹，这样天长日久，自然会形成“深细匀长”的呼吸状态，从而在不知不觉中进入练太极拳的美好意境，这样，身体能自然而然地获得健康，精神更会在不知不觉中得到滋养。

三、借假修真，锤炼神意

我们所推崇的太极拳，非常讲究借假修真——凭借形象思

心太极架构图

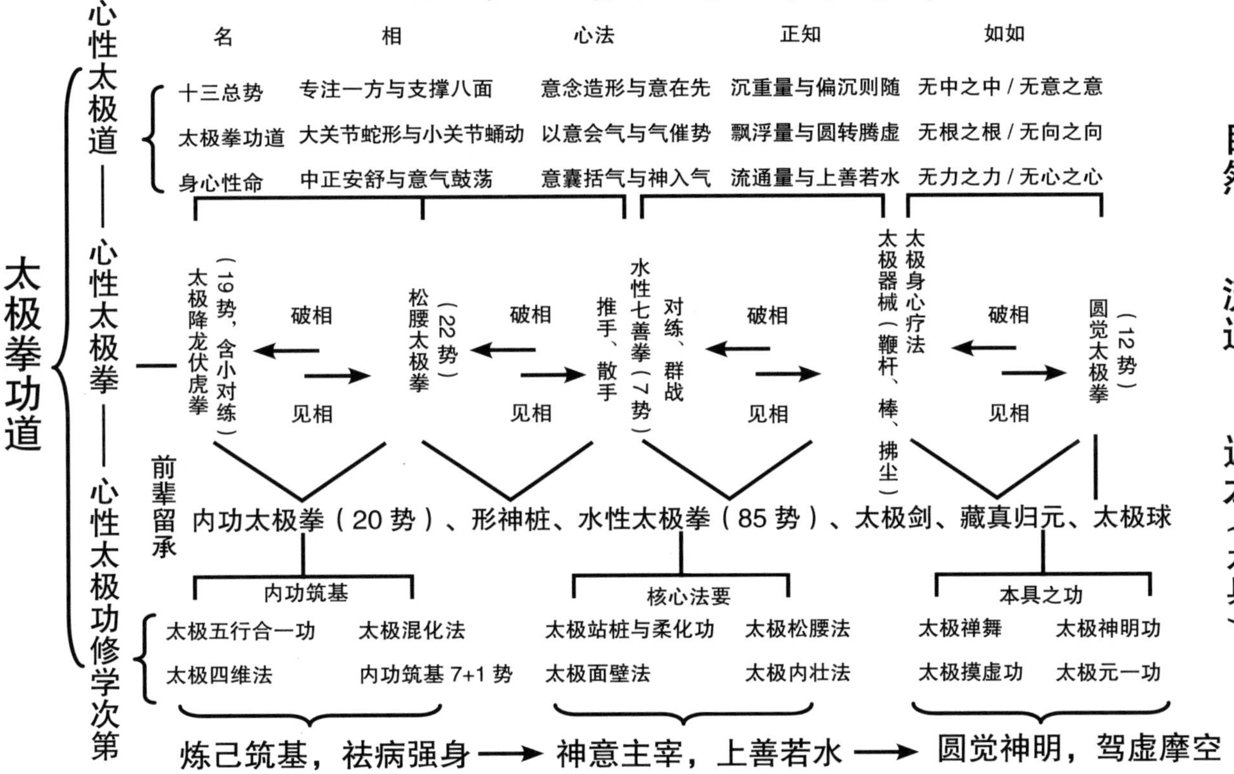

心性太极道
心性太极拳
心性太极功修学次第
太极拳功道
名
相
心法
正知
如如
十三总势
专注一方与支撑八面
意念造形与意在先
沉重量与偏沉则随
无中之中 / 无意之意
太极拳功道
大关节蛇形与小关节蛹动
以意会气与气催势
飘浮量与圆转腾虚
无根之根 / 无向之向
身心性命
中正安舒与意气鼓荡
意囊括气与神入气
流通量与上善若水
无力之力 / 无心之心
太极降龙伏虎拳（19 势，含小对练）
松腰太极拳（22 势）
推手、散手
水性七善拳（7 势）
对练、群战
太极器械（鞭杆、棒、拂尘）
太极身心疗法
圆觉太极拳（12 势）
破相
见相
前辈留承
内功太极拳（20 势）、形神桩、水性太极拳（85 势）、太极剑、藏真归元、太极球
内功筑基
太极五行合一功
太极混化法
太极四维法
内功筑基 7+1 势
核心法要
太极站桩与柔化功
太极松腰法
太极面壁法
太极内壮法
本具之功
太极禅舞
太极神明功
太极摸虚功
太极元一功
炼己筑基，祛病强身
神意主宰，上善若水
圆觉神明，驾虚摩空
自然——流通——返本（本具）
心性太极学

维，把日常生活和大自然中的景象，通过“模拟”想象的方式，“制造”出某种、数种、数十种具体的物象，然后通过这些“模拟”的具体物象，来修炼自身的内在真意——真意就是“有意若无意，无意之中有真意”，就是“时机与奥妙”出现的瞬间，这个瞬间太极拳称之为“神意的隐显”。

太极拳的这种独特的思维方式，带有中华传统文化的鲜明特征，不是单纯的体育运动项目所能概括的，甚至比日本医学专家春山茂雄（《脑内革命》一书的作者）所倡导的“脑内革命”更有可操作性。春山茂雄认为“制造形象”的右脑锻炼法，是延缓衰老的最好方法，因为“右脑具有人类睿智的精华”。

太极拳的这种独特的思维方式，来自中国古人“借假修真”的智慧，是最好的右脑锻炼法。

四、静动一如，空中妙有

“静中触动动犹静”“意在先，内气催姿势”等身心功夫的内在启动顺序——这些传统太极拳的真髓，必须予以保留、传播，否则，不仅仅是太极拳、太极文化领域的重大损失，也是中华传统文化的重大损失。失去了这些“反求诸己”“壹是皆以修身为本”的技艺、理念，太极文化的核心内涵就会大打折扣。

心性太极拳技艺，其阴阳变化规律，其动作姿势的产生，都是因静而动，因内达外的。舍此就会“本末倒置”，离“道”日远。

五、祛病延年，和谐身心

心性太极拳拳友之间的交流途径，是依次以推手（亦称揉手、搭手、打手）、穿手（川手）、散手的进步阶梯来进行训练的。在此过程中，要遵循“戒定慧”三学途径。“戒”就是戒用力，避免“角力、蛮推”等；“定”就是中正安舒，平和流通，舍己从人；“慧”就是生发出太极拳的智慧来，身心和谐，常乐我净。

这种交流，是一种检验神意气（太极之阴）和形体动作（太极之阳）是否成为整体，太极拳的盘拳走架是否正确等的方式。比如推手，推手是门派内师兄弟之间的功夫训练，不是意气之争，不论功夫的高低输赢，而是为了战胜自己想用力的习惯，让心态在压力面前保持轻松平衡，让气血在交流的过程中得到更好的流通；此外，这也是一种相互之间通过神意气进行深层次渗透性按摩的有效方式，对促进太极拳爱好者之间的交流和提高身心修养很有帮助。既文明又有情趣，既高雅又健身效果明显，符合现代人文明交往的需要，也符合建立和谐社会的需要，更能取得祛病延年、健美身形、和畅气血、完美身心的效果。

六、中正安舒，调和阴阳

心性太极拳并不把动作是否漂亮、是否有难度当成练拳的标准，而是主张以松稳慢匀、松散透空、松空圆满、松化净定的内在精神境界的高度和谐为使命。

松稳慢匀：松，就是从神态到动作都不能紧张；稳，就是从精神到体态都要保持平衡；慢，就是动作缓慢；匀，就是动作、姿势、呼吸都均匀。

松散透空：散是均匀地散开、混化，意识带动内外之气均匀地布满虚空；透是身体的通透度要好，没有僵直、凹凸、阻碍之处；空是真正的身心通达。

松空圆满：空了之后才能圆、才能流通，然后，能量才能饱满，生机才能显现。

松化净定：化是混化、混融、交流、融汇之意；净是内心里没有想不开的问题，宁静祥和；定是中正、中定、中空，作用是调和阴阳使之归于平和、平衡。

以上四个途径，是修学太极拳，实践国学以修身应该逐一抵达的身心境界。不管今生今世是否能达到，太极文化的修学者一定要追求之。

七、底蕴深厚，中华道统

心性太极拳和目前流行的太极拳没有更多的关联，其语汇和术语、内涵和境界、表达的途径和方式自成体系，均来自师传，并在小范围内传承。

由于太极文化的思想脉搏和精神气质缘自佛之广大、道之精微、儒之至极、医之气化、武之内敛，因此其传统文化底蕴深厚，是真正中华道统文化的结晶。

中华道统，是一脉相传的人生观、世界观、价值观，是内求本具的智慧体系、思想体系。这个体系“知内而达外”——先认知生命活动，通过“修身”来优化生命，圆满身心，进而去认识和改造客观世界，“齐家、治国、平天下”。这个过程，主要以通达“理”和“事”来提升自己的智慧和能力。

太极拳的“理”就是太极思维方式，太极拳的“事”就是太极拳功夫（内功心法、拳架、思维含三为一）的实践锤炼。

八、含三为一，次第分明

“一生二,二生三,三生万物”“易有太极，是生两仪，两仪生四象，四象生八卦”“名、相、妄念、正智、如如”等，这是国学和太极拳共同拥有的宇宙化生规律，蕴含着太极文化的核心秘密和核心机理，掌握了这个核心秘密和核心机理，太极功夫的锤炼也就水到渠成，摸到了门径。

“天有日月星，人有精气神”，这些国学和太极拳中出现频率很高的语汇，源自中国人对宇宙自然和生命活动的关注。精，代表着皮肉筋脉骨和体液；气包含着内气和外气；神，一而二地具备神和意两种内涵。锤炼和熏修太极功夫的终极目的，是促使人的“精气神”迈入更细微、更纯净的境界。如何抵达这种境界呢？按照太极文化含三为一的方式同时参研，就会次第分明地获得提升。

含三为一、次第分明的心性太极拳因缘而生，因存而进，因传而及。心性太极拳，是笔者根据自身所学内容，梳理了自身悟觉太极智慧的有效途径，以三大拳术、三大老师、三大道统、三大境界的路径来实现自身的太极功夫和人生境界。

只有次第分明地掌握了太极文化的这些内涵，勤于修持，太极文化才能“操之在己”。

九、十三总势，阶及神明

太极之体用——掤、捋、挤、按、采、挒、肘、靠、前进、后退、左顾、右盼、中定，这些内涵必须叠加联运地融于身心锤炼中，不可须臾离也。这些内涵必须形成一种自动化——如如不动，如来如去——使自身的性情和智慧不偏不倚、平衡中正、阴阳中含三为一、时时调和，从而以“中和之性”的思维方式、生活方式、行为方式步入“阶及神明”“圆觉无碍”的境界，实现“明心见性”。其实，“明心见性”亦是开始，因为有佛处还需急行走，莫停留。

也许会有人认为这是“不可能完成的任务”。然而，只要抱着“只求耕耘，不问收获”的心态，不断地去“默识揣摩”，则“豁然开朗”的喜悦就会不断涌现。

王壮弘老师创编的王氏水性太极拳（简称水性太极拳），亦可称为如是太极拳、圆觉太极拳。

王壮弘老师年轻时，有一次下公交车，刚下车就被人“偷袭”了——一股特别大的力量打在他的后背上。他一回头，发现是公交车门口一个手残疾的小伙子，由于手没有力量，握不住扶手，手臂一下子甩在自己的身上，由此，王壮弘老师悟到不用力才能有巨大力量的真相所在。

而我们，能从生活中获得多少有关太极拳的启示呢？如果能随时随地获得启示，则意味着时时刻刻都有明师在给我们传授方法。明师哪里找？生活中、大自然中处处都有。如果能处处以大自然、以生活为师，则“阶及神明”的“太极之象”的境界，也许就能不期而至。

有的境界，或许因为机缘使然，我们终究不能抵达，然而，身心的喜悦、健康长寿的幸福，也必然能伴随太极文化爱好者一生。这样，所有的努力就会展示出特殊的价值和意义。

第三节 修炼次第

国学和太极拳兼学，可形成真正中国人大智慧度彼岸的参照系和中华核心思维模式，如能次第层层深入，也许能实现“心为太极”，豁然开朗，心开意解，生命获得全面优化和跃迁。

笔者依据儒家、道家、佛家依次递进的方式，对太极拳的修行次第进行了梳理。儒、道、佛三大学问，是让我们证得真理、提升境界、实现生命优化的三扇门、三条道路、三个快捷方式，抵达的深度、广度、纯度是一，分次第，则便于入门，也符合古人修学均一门深入的习惯。

要知道，豁然贯通时，你就会发现，儒、道、佛本来是一体的，乃国学含三为一之要义所在，三家的目标和证道境界是一，都是为了“超凡入圣达真”“得道成仙”“明心见性”，虽名相不同，但都是悟后方修道的生命底座、基石、参照系。

心性太极拳，要依据“炼己筑基，祛病强身；神意主宰，上善若水；圆觉神明，驾虚摩空”三大次第进行实修、参研。每一个次第，都要被后一个次第来扫除、来打破、来超越。心性太极拳的修学次第和学问次第来源有四：

其一，来自杨禄禅、杨健侯之家学、京城隐踪一脉的杨健侯秘传内功太极拳（亦称杨式太极拳老六路）体系中的内功心法。此拳跟杨家第三代杨澄甫所传的注重招式招法的内容完全不相同，每一式都讲究内功心法，讲究神意气的修炼和拳架招式的互动，更包括岷山太极拳之大关节蛇形、小关节蛹动的心法特征和意气鼓荡之内涵。

其二，混融了以杨澄甫、褚桂亭所传授的杨式太极拳之泛传（流行）体系的拳架，结合王宗岳《太极拳论》和大自然启迪而形成的太极拳——水性太极拳。

其三，混融了笔者跟随甄隐（庞明）先生修学七年所修持的松腰理论和所继承的混元整体观，并借用游学期间所修学的如是太极拳、武当如意太极拳的个别拳架动作而形成的全新心性太极拳之套路次第和学说架构。

其四，在中华道统十六字心传和《易经》的基础上，撷取孔子、老子、庄子、列子、孟子、子思、李白、苏轼、张三丰、周敦颐、陆九渊、王阳明、湛甘泉、王龙溪、罗近溪、憨山大师、蕅益大师、刘沅、段正元、王凤仪等大德有关太极和心性的论述，结合“心太急”要归到“心太极”的时代走向，筑心性涵养为心性太极学。

心性太极降龙伏虎拳、心性松腰太极拳、（心性水性）七善拳、心性圆觉太极拳，是从以上四大源流中溢出来的智慧之光，进阶有序，次第分明，繁简一如，武拳文练，意气鼓荡，阴阳互济，是空圆转虚之核心功夫拳架。

心性太极学亦为心性太极拳。拳通权，权衡轻重缓急，拿捏分寸；拳通全，洒扫应对进退皆自然，从全面整体高度起心动念；太极为核心、一、根本、阴阳未判；性为生命活动的本体、本来、本心、心之源、意之本体、元神、佛性、人之本；心为心之力、心的专一、心的专注、走心、用心、专心的状态。

心性太极学，含三（心性太极拳、心性太极功、心性太极道）为一，其核心为太极拳，其内功专修为太极功，其思维模式和理论为太极道。

心性太极学，继承与编创有机融合。编，汇编前辈口传心授之内功心法和拳架动作，不贪天之功据为己有；创，依道立学，循时化机，繁简兼顾，全新架构。继承，或原汁原味保留前辈传承之拳架动作和内功心法（如水性太极拳），或因应时代变化而略有变通（如内功太极拳原拳架八十九式，这里只选练其中的二十式；如杨式太极剑，依正反扭环思想略加改进），或依据前辈口传心授的内涵循规蹈矩、扎扎实实地进行传承（如形神桩、太极扇、太极球、练气八法、脏真归元法）。师恩难忘，代代相续，终有回响。传承道统，我辈荣光。

一、炼己筑基，祛病强身

欲练好太极拳，或从根本上提升自身的身心健康水平，一定要抓住两个“主宰”。

1. 第一个主宰——神意主宰

相对于有和无、神意气和形体动作，神意为主宰。无，并非没有之意，而是隐，在太极为阴，在太极拳为神意，在内里称为内功心法。形体动作为有，在太极为阳，在太极拳是形体动作，在外为招式招法。气贯穿、敷布、联通于神意和形体动作，功能为“内气催姿势”“气为旗”；招式动作，是在神意的统率下实现的，这就是“心为令，意为帅”的真意。实际上，神意作主宰，可解决精神健康和内在主动运用意识的问题，进而可让“有生于无”不再是形容词，而是实实在在的修持。

神意无相，在人体，是人之软实力、隐实力，起决定作用。

2. 第二个主宰——腰为主宰

对于全身上下来说，腰为主宰。古人云：力发于足，主宰于腰，敷布于四肢，形于手掌。从这句话可以看出腰对于太极拳的重要性。但是，一般流行的太极拳套路，翻来覆去，反复强调的是招式招法的标准化、动作姿势的角度、腿部的重心变化等，对于腰的锻炼，则强调得并不充分。实际上，古典拳论中，对太极拳锻炼腰部的重要性多有论述，如“命意源头在腰隙”“腰为枢纽”“腰间”“松腰”等。

腰有形有相，在人体，是上下之枢纽，属于人的硬实力、显实力。

我的一位恩师曾对这两者的关系作过深入阐述：

> 简单说，神意作主宰，指的是一个人有神、有形，在全部的生命活动当中，在这个练功过程当中应该是神意作主宰。那么在有形的这个身体范围里边，这个时候运动应该以腰作主宰。这是两个问题，一个是形，一个是神，这两个成为整体的时候神作主宰。在形的活动里边，是腰作主宰。

3. 两个主宰——用两套拳来修炼

心性太极学第一阶段的修学目标是：炼己筑基，祛病强身。

因为两个“主宰”的缘故，所以，其主体修炼的内容分为两部分：太极降龙伏虎拳、内功太极拳。

内功太极拳传承于杨健侯，多年来一直在民间“法不传六耳”地流传着，几近失传，是杨式太极拳中很少外传、很少见诸表演的太极功夫，每一式都有内功心法，每一式练之都舒适自然，是极适合养生的太极拳，亦可称为名相太极拳和养生太极拳。通过学练，可以帮助学拳者在明了太极拳名相（名词术语）的基础上，对太极阴面——神、意、气所构成的内功心法和太极阳面——形体动作所形成的招式招法有深刻体会和感悟。当然，我们的目的是锤炼神意作主宰的习惯，因此，本阶段的内功太极拳为二十式。

达摩言“欲明心，先强身”，此是国学内省和躬行的基础，更是心性太极学第一阶段的内功太极拳和松腰太极拳的立拳之基。

4. 心性太极拳第一个阶段的拳、功、道

太极降龙伏虎拳，是撷取流行的五六个太极拳门派的招式招法而形成的入门拳；内功太极拳保留杨式秘传内功太极拳的精要，选择其中二十式养护身心性命。学之、练之、体悟之、追求之，可使人的身心健康水平和精神境界与众不同，初步明了具有中华特色之太极拳的真谛，逐渐获得太极拳祛病延年、强身健体、周身舒适、幸福平和、愉悦心情、开启智慧的综合效益。

太极降龙伏虎拳和内功太极拳，深入锤炼，可使“延年益寿不老春”的养生效应得以显现。这两套拳是为了帮助建立用内功心法养护生命、滋润生命、呵护生命，在起心动念处用功夫的参照系，从而为进一步提升国学智慧和身心健康智慧奠定基础，更为学练水性七善拳、松腰太极拳、水性太极拳奠定良好基础。

在炼己筑基、祛病强身阶段，还必须辅以太极功的修学，我称之为心性太极功。

此阶段，心性太极功的修炼法要是：太极五行合一功、太极四维功（行、站、坐、卧四威仪和礼义廉耻之国之四维的互动修持）、太极混化法等；这其中，太极内功筑基7+1势是至为重要的心性太极功。此为学练松腰太极拳、水性太极拳至为重要的功法，撷取武当太乙门、峨眉临济宗、道家混元派，以及内功太极拳、松腰太极拳、水性太极拳的精华融合而成，反复练习，可奠定学练松腰太极拳、水性太极拳的坚实基础。

此阶段，更要同时行太极道。行太极道之前或过程中，阅读如下太极拳著作及国学著作至为重要，如《国学与太极拳》《太极拳发展简史》《大学》《中庸》《孟子》《论语》《管子》《周易》等。不需通读诸书，择其要点，帮助悟太极拳和国学真意即可。

此阶段心性太极道的衡量基准为：对太极拳之名，如十三总势、太极拳功道、身心性命有初步的了解和体悟。

二、神意主宰，上善若水

水性太极拳是本人授业恩师王壮弘先生创编的。

1. 水性太极拳创编缘起

王师将人类思想的精华和大自然之龙象说法合一，撷《周易》《论语》《大学》《中庸》《道德经》《庄子》《心经》《楞伽经》《圆觉经》等国学精微要义，与普及的传统杨式太极拳拳架融为一体，借上善若水之至理，象形取意于江水、海水的漩涡、翻动、涌动、激荡之平缓涓细或滔滔不绝之势，与云聚云散、鹰翔、雷音、水声等自然之性为一如，创编了融文韬武略为一体的水性太极拳，实现了智慧拳、文化拳、哲学拳、艺术拳、医学拳、心理拳的合一，恢复了太极拳“拳中之王”的本来面目。本拳亦称为王氏水性太极拳，这是笔者和师兄整理王师讲记——《上善若水——王氏水性太极拳讲记》一书时，经王师首肯而正式定名的太极拳架。

王者，通达也，通达天地人三才；通达儒释道三学；通达有为、有无、无为三境也；通达世间、出世间、出世间上上三智（法）。

王者，王道也，中华民族仁爱精神的体现——非欺负人的霸道，而是中华民族关爱众生、慈悲万物的一种高贵品质。

王者，亦因其基础理论源于王宗岳的《太极拳论》，故名王氏太极拳。王氏太极拳因以水性入门，故亦名水性太极拳。

王师精研国学之儒释道典籍，精通书法、古物鉴定、编辑学，且修炼诸家传统武术数十年，乃当代难得一见的文武双全之大智慧者。国学大师南怀瑾在美国创办东西学院的时候，曾请王师于东西学院讲学三个月。王师定居香港后，全身心地用功于佛学、书法和太极拳，2004年机缘巧合之际，彻悟宇宙人生之理，尽得太极拳道之妙要，总结出太极拳须以松空圆满静定为基础；以水性、河图洛书、八门五步为入门；以点线面体为方便法门；以消散聚合、公转自转、正反扭环、大而无外、小而无内、周而复始为功用；以佛理如是、本具为究竟依归；以流体无力、无为、超立体为原则；以无根之根、无力之力、无中之中、无向之向、无法之法为核心思维。

由此观之，水性太极拳非一门一派之太极拳，实为诸家太极拳的准则和依归，它是开发人体本具力量的内家拳，真正的中国之拳。

2. 水性太极拳非水性太极拳

水性太极拳亦是入门的方便说法，浸润日久，功夫会自动进阶，依次抵达火性太极拳、风性太极拳，最后抵达圆觉太极拳（空性）的境界。这不是又创编出什么新的太极拳套路和招法，而是指功夫境界，借用佛家语言形容功夫上身的境界：沉、飘、腾、空、圆、转。

习练水性太极拳，须由着熟（感性认识）而渐悟懂劲（理性认识），由懂劲而阶及神明（本性认识），从而抵达四大皆空、空中起妙有的般若境界。

习练水性太极拳，须按儒家“博学之、审问之、慎思之、明辨之、笃行之”，道家“为学日益，为道日损，损之又损，以至于无为”，佛家“依理不依人，依智不依见，依了义不依不了义，依圆通不依不圆通，依究竟不依不究竟”的探研精神来锤炼自身的心性修为。

习练水性太极拳，可收到祛病强身、健美身形、松柔形骸、和畅经脉、流通气血、通透内外、提高思维、修养意识、陶冶性情、开发智慧、明心见性之功效。

曾经有学员从新疆赶到深圳学练水性太极拳。15天时间，这个学员共学了三十式水性太极拳，结果怎么打都是外家拳或国编太极拳的模样，为何？身体僵硬也。依此因缘，本人才开启编拳的历程，就是为了让人们学会水性太极拳。现在看来，学练水性太极拳之时，心性松腰太极拳和水性七善拳的熏修至为重要。如此这般之后，再学练水性太极拳，可收到事半功倍之效。心性松腰太极拳详见后文，水性七善拳依《道德经》第八章内容创编，重点是意念的修炼。

3. 水性太极拳的拳、功、道

太极面壁法。其一，面壁蹲墙法，实现松腰、松脊、强化体能之功能；其二，面壁推墙法，个人自练推手的便捷之法，揉开身体，至为重要。

太极站桩及太极柔化功。太极站桩，依据无极桩、川字桩、混元桩之次第进行学练。无极桩在演练太极拳架之前和之后练。川字桩是松腰太极拳、水性太极拳的身法、节奏。混元桩内壮身心，进行内功心法的磨砺，亦是国学躬行道路之一种。学练太极降龙伏虎拳时，还需修炼太极降龙伏虎桩。太极柔化功，是在川字桩的基础上深入柔化身体，特别是锻炼脊柱及脊柱周边的肌肉、肌腱的一种内功修炼法。

太极松腰法。此是笔者根据师传内容，结合心性太极拳的机理创编的松腰法要，含站式松腰筑基八式、松腰乾坤手、坐卧式松腰八式、坐式旋腰转脊功等内容。

太极内壮法。重点是太极松沉功和师传之练气八法（亦称为内壮八法）。太极松沉功，乃不用力打沙袋而获得穿透力的秘诀。

此阶段，松腰太极拳的修炼可谓重中之重。此拳乃笔者综合自身学练过的内功太极拳三十七式、水性太极拳八十五式、武当六脉之如意太极拳，以及如是太极拳而提炼出来的核心功夫拳架，共计二十二式。通过这二十二式松腰太极拳的锤炼，辅助以太极松腰法，可帮助松开腰部及重要关窍，强腰健肾，有效促进血液循环，从而为实现祛病强身奠定基础。

水性太极拳，至此方可学练。这个时候，会发觉此拳非常

水性太极拳搂膝拗步过渡动作

好学。

太极道之国学熏修和太极拳经典研读著作有《道德经》《庄子》《列子》《内经图》《修真图》《周易参同契》《太乙金华宗旨》《唱道真言》《太极拳论》《论八卦掌》等。很多内容了解即可，和太极拳功夫有关的内容，则重点研修。

此阶段，心性太极道的衡量基准是：相——专注一方和支撑八面、大关节蛇形和小关节蛹动、中正安舒与意气鼓荡；心法——意念造形与意在先、以意会气与气催势、意囊括气与神入气。

三、圆觉神明，驾虚摩空

师兄曾问我的一位恩师："我们所学所练太极拳如何命名？"老师告曰："名皆假名，区别而已，练太极拳入到本性中，如水性、风性、火性、空性、驾虚、摩空、乘幽、控寂，非性性有，循诸性起，不可思议，如是如是。"

这是对于太极拳抵达至高境界的一种描述。什么样的境界？神明、如是、圆觉的境界。这样的境界，就是本来如此、本真如此、本身如此、本该如此、本当如此、本具如此、圆满如是、觉悟如此。

我师兄把他所证到的这个境界，命名为如是太极拳，我则称之为圆觉太极拳。

1. 圆觉太极拳是对太极拳境界的一种描述

言语道断、不可思议方为太极功夫所应抵达的境界。这样的境界，和儒家的"主人翁惺惺否"，道家的"结圣胎，婴儿出窍，粉碎虚空"，佛家的"成道亦无得，真空起妙有"是一样的境界。

太极拳的拳，乃把握、掌握、拿住、领悟、觉悟的意思。太极，就是元点、一、混元、整体、圆融、圆满、静定、转机、空无、丹田之意。

圆觉太极拳，就是让我们通过如此这般的修持、体悟、熏修，开发本具智慧，实现生命领域、社会领域、经济领域的自由、自觉、自主、自控，在太极功夫，则是抵达圆满、充实、流通、无为、返本、本具、虚灵、明净、觉悟之地。

圆觉太极拳，并不编创新拳种，而是把太极降龙伏虎拳、内功太极拳、松腰太极拳、水性七善拳、水性太极拳融合起来，实现拳无拳、功无功、意无意、法无法、势无势的合一；是武功、气功、儒功、道功、禅功的融合。

圆觉太极拳，实现对儒家的“博学之、审问之、慎思之、明辨之、笃行之”，道家的“为学日益，为道日损。损之又损，以至于无为”，佛家的“名、相、心法（妄念）、正智、如如”等国学实证路径、方略、思维模式、参照系的融合、合一、超越。

圆觉太极拳，从文化分类的角度来看，是儒家入门、道家功用、释家依归的和谐统一；按养生阶梯来划分，是有为、有无、无为三大境界的自动提升；按照智慧境界来分，是世间智、出世间智、出世间上上智的自由通达。

2. 圆觉太极拳的拳、功、道

圆觉太极拳，拳架套路、内功心法、整体思维可有可无，因缘而现，应机而用。需要拳架，可借用任何一派拳架，也可实时编创拳架。当然，欲实现此境界，必须浸润于太极拳和国学之互参互证的过程中，得其意，忘其形——因此，必要的心性太极功、太极道的默识揣摩至为重要。

此阶段，心性太极功由三步功组成：太极面壁法——第三阶段的太极观墙法，观照觉性和本具；太极摸虚功——类似大成拳试力，这里的关键是用意念摸虚空，驾虚摩空；太极禅舞——经历太极拳功夫的锤炼，身体的通透达到一定程度，这个功法一讲即会。

更进一步，则可修学太极神明功、太极元一功。此外，还可兼学前辈留承的脏真归元法，通过脏腑小炼形，净化意识和五脏，为圆觉太极拳的功夫境界提供物质基础和精神能量的支撑、支持、支点。

此阶段，还需要从《心经》《金刚经》《六祖坛经》《楞伽经》《圆觉经》《黄帝内经》《八十一难经》《医道还元》《元气论》等国学经典来入手。无须对各个经文都很熟悉，择其要则，见相破相至为重要。此阶段，心性太极道的衡量基准是：正知——沉重量和偏沉则随、漂浮量与圆转腾虚、流通量与上善若水；如如——无中之中、无意之意、无根之根、无内之内、无力之力、无心之心。

此阶段，太极拳功道合一，传道游戏，游戏亦道，道道通达，本来面目，本具如此。

四、三大次第，没有高低

心性太极学认为，“炼己筑基，祛病强身；神意主宰，上善若水；圆觉神明，驾虚摩空”这三大次第，用一套太极拳不好概括，也因之，心性太极拳并不过多地去编创更多拳架，而是如恩师王壮弘先生所言：学练太极拳是为了体悟太极拳真谛，这个过程，可以借一套、两套拳架来用，甚至自己编一套拳架，但是拳架不是真理，而是过河之筏。

这个过河之筏，心性太极学用三个次第和境界来划分之、来实现之：

内功境界——以太极降龙伏虎拳和儒家为主的参照系来实现之；

水性境界——以松腰太极拳、水性七善拳、水性太极拳和道家为主的参照系来实现之；

圆觉境界——以圆觉太极拳和佛家为主的参照系来实现之。

这三个境界，必须以见相破相的勇气来“舍得”，有舍才有得，得到就是为了放下，最终实现的目标是舍无可舍，得无可得，正如《圆觉经》所云“成道亦无得”。

其实，并不需要通读很多经典，哪怕仅仅知晓几句，也能按照这几句实修；哪怕国学经典没有读过，如果能开悟，你的一言一行，也都是国学经典所要表述的内容，好像经典生来就是为了印证你一般。

其实，儒、道、佛没有高低之分，乃语境、环境、门路不同，进去了，皆是一也，都是不立文字，言无可言，无用之大用。然而，不以文观（观照、体察、觉照）身心，则不易进入太极境界。

其实，心性太极拳之太极降龙伏虎拳、松腰太极拳、水性七善拳、圆觉太极拳，以及内功太极拳、水性太极拳等都可透进去，哪一个都可入门，没有高低之分，只是笔者认为这样的修炼次第更便捷一些而已。

心性太极学，不是学问，而是修行；不是修行，而是过河之筏，终究是要扔掉的。心性太极学，仅仅学练其中的拳相合功，就可帮助入到太极道中。太极道通达，则国学智慧的真谛也会领悟、觉悟。

笔者不是老师、宗师、大师，而是传递这种真谛的中介、引导者、启蒙者。

下编

拳中寓国学——太极拳理法述真

『拳打万遍，其意自现』——『拳无拳，意无意，无意之中有真意』的流体、圆体、自然、无为的太极境界会自然实现。

第四章 太极拳功夫锤炼主旨

第一节 “三理”说

如何才能把太极拳练好，这是每个太极拳爱好者身上的永恒使命。

并不是学太极拳拳架、套路越多越好——公园中，常可看到这样的场景：在音乐的伴奏下，一群太极拳练习者，练完二十四式练四十二式，然后是四十八式，进而八十八式，随之再太极剑、太极扇，一套套下来，忙得不亦乐乎；然而，细究起来，这些人可能连基本的疾病都没祛除，仅取得活动身体的效果。太极拳虽然成为全世界学练人数最多的体育运动项目之一，但真正能锤炼身心和开启智慧的太极拳，必然有其特殊的训练途径和实现路径。

太极拳的内涵含三为一（拳、功、道），太极拳的学练途径亦是含三为一的——理上开窍、理上练拳、理上揣摩。

这三条，贯穿于太极拳爱好者每天的太极拳实践中，不可轻视。

一、理上开窍

理上开窍是能否练好太极拳的关键。这些理涵盖了无极、太极、阴阳、三才、四象、五行、六合、七星、八卦，以及河图、洛书、精气神、混元、松空、静定等。理不明，古人称之为“盲修瞎练”。明白了太极拳之理再练拳，则练拳就有了参照系和指路明灯，这样必然会事半功倍。

1. 明了太极智慧的要义

要明了无极、太极、阴阳、含三为一、专注一方、八门五步等太极智慧的内涵和精神实质，并在练拳的过程中逐渐体现出来——落实到太极拳起心动念的全过程。

2. 知晓太极之“戒定慧”的内涵

“戒”用力——贯彻一丝一毫不用肢体之力的原则，按照阴阳互孕、四两拔千金[①]的原则练拳、修拳、悟拳；“定”指标——按流体、自然、无为、舒适的目标去揣摩其中的奥义；“慧”心练拳——通过形象思维、逻辑思维、运动思维、体察思维、灵感思维的不断融合，实现武拳文练，智慧无碍。具体来说，招式招法中要体现“互为因缘”，内功修为和太极思维寓含在拳架中，做到“拳功不二”“拳道一如”。

3. 按照“为学日益，为道日损”两阶段来学、来练、来悟

默识揣摩太极拳的知识和技艺，掌握太极拳的理、相、用——招式招法无有尽头，这是“为学日益”学练阶段；“应无所住而生其心”——此是“为道日损”阶段最重要的锤炼内容。在这两个阶段，要把所学太极功夫的技艺和知识忘掉，逐渐做到

① 此处“四两拔千金”一说采用王壮弘先生的论述。

“损之又损，以至于无为”，最终实现无拳架、无心法、无思维，则圆觉太极境界会自然而成。

二、理上练拳

太极拳是内家拳的精华。何为内家拳？一位老前辈曾作过如下表述：“内求先天自然本具的功能。”这样的拳方可谓之内家拳。

基于这样的认识，我们在练太极拳的过程中必须按照以下思维进行自我锤炼。

1. 球体、圆体和流动、无为法

练拳架子的过程中，首先要按照身、手、脚被一个球体、圆体笼罩着的理念练拳；其次，动作和内功心法努力做到像水、像风、像蒸汽、像声音、像火的蒸腾一样自然地流溢和传递，从而抵达一动无不动的境界；最后，“过河扔筏”，把拳架子甚至内功心法都去除，达到拳无拳（没有拳架、招式）、意无意（没有内功心法的心法），无意之中有真意（无为而无不为）的真正的太极境界。

2. 放大和缩小

每一招每一式，都体现出精神放大和思维缩小的意识，带动拳路中既有放大的气势又有“忽隐忽现”的缩小的内涵，从而推手的时候，让对方觉察不到重心之所在、内劲之发劲源头（本身是借力，因此，实际是没有发劲源头的）。

3. 内壮和外溢

精神境界要实现“松空圆满”，内在里不干瘪，体现在外，拳架饱满、充实、飘逸、顺畅。如何实现？眼神要“三分外，七分内”，进而实现“收视返听”和“静定无相”。

4. 涵养和舍得

练拳的过程中，身形和精神状态做到“斜中寓正，曲中有直，偏沉则随，沉浮升降”，要不断涵养这样的能力；同时，在这个过程中，还要训练舍去固定、僵硬的招和法，往“无力之力，无中之中、无向之向、无根之根”的境界过渡。

5. 八门和五步

一开始练太极拳，一定要形成缓慢练拳的习惯，因为一动就要照顾八门五步。十三个方面能照顾到了，动作还需快一些，快一些要依然能照顾到十三个方面才行。

三、理上揣摩

很多人练太极拳，只满足于每天练了多少遍套路，但是，对套路中的动作招法和内功心法是否符合太极拳之理、之相、之用，却知之甚少。实际上，练太极拳，必须在太极拳之理（理事合一的文化内涵）、之相（动作招法和拳架套路）、之用（八门五步十三总势）含三为一的境界上进行叠加联运地默识揣摩。

什么是叠加？就是不要奢望在短时间内就把某一个招式招法所有的内涵都弄明白，而是要在一个招式中（如起势收势、手挥琵琶、云手等）把理、相、用的内涵一点点叠加着揣摩，一个有了体会，再加一个内涵进行探研。所谓的联运，就是所有的内涵都能体验到、证实到了，则在演练、推手、散手的时候联合、联动地体现出这些内涵。

这样学练起来，去默识揣摩，看起来学练得比较慢，却能真正领悟太极拳的真谛，反而能更快捷地获得太极拳的收益。

具体的训练途径就是：重复！重复！！再重复！！！

太极拳的所谓“重复！重复！！再重复！！！”有两个不可须臾分离的具体练法：

1. 单式揣摩

分阶段选择1—3个式子，每天重复地做，甚至一个式子每天要十几遍、数十遍（如果初学这个式子，最好能当天练30遍，这样才能牢固地掌握）地反复练。注意，这里边有一个循序渐进的过程，不要一曝十寒。当年杨式太极拳的创始人杨禄禅反复练的动作是“搬拦捶”。笔者的一位太极拳老师最喜欢练的是“手挥琵琶”。笔者的一位师姐教授功夫，总爱用一个季度的时间，反复领着学生揣摩其中一个动作的内功心法的真正内涵。这样默识揣摩，很快就能体会到太极拳的内涵。

一个拳架的所有境界练出来后，一通百通，把这个拳架中的内在感觉放在整套拳架中，则整套拳架的境界就会别有洞天了。我本人在内功太极拳阶段，主要选“起势”和“收势”、“揽雀尾”转“单鞭”、“肘底捶”、“云手”、“手挥琵琶”等式子进行反复锤炼；在水性太极拳阶段，则主要对“起势”“搬拦捶”等式子进行不同内容的、有针对性的重复训练。

2. 整套拳架的“默识揣摩”不可轻视

当年陈式太极拳泰斗陈发科每年练拳1万遍，每天30遍（注意：慢性病人不宜过多，一天练1—3遍整套拳架即可，主要精力应放在根据病情选练的相应式子及相应的基本功上，以便集中精力打歼灭战）。笔者的水性太极拳老师每天坚持练拳9遍。必须在修拳（古语称之为“调架”）的基础上进行这样的整套锤炼，此时，应每练一遍拳都有新的体验，练一万遍有一万遍的内在感觉，如是练拳，则收益大焉，常练常新，总有豁然开朗的喜悦在激励自己。

太极拳的特殊性还在于，不断地重复，可使身体的气血形成有序化（功夫界称之为通透度好），积攒出生命的力量和能量（功夫界称之为功夫上身），从而“拳打万遍，其意自现”——“拳无拳，意无意，无意之中有真意”的流体、圆体、自然、无为的太极境界会自然实现。

第二节 “三乘”说

学练任何一家太极拳都须按程序进行，程序不对，不仅不能提高自己的太极拳水平，甚至会南辕北辙，离太极拳的真髓越来越远。由于太极拳之理既与传统文化一脉相承，又有自身的实修特性，所以，实际学练的过程中，往往失之毫厘，谬以千里，许多钟爱此拳之士穷毕生精力仍不解其中奥秘，也因之徒留悲伤和叹息在心头。

循序渐进是太极拳修炼的重要原则。这里的“序”字，就是指程序。程序指的是先后排列顺序，不能马虎，不能错乱，不能颠倒，不能想当然地根据原来的参照系去追求。

笔者学练的内功太极拳有三个学练步骤：

第一个步骤，学练过程中反复体察神意气和形的关系，由开始的不能相融进入到阴阳互孕。

第二个步骤，通过着熟、懂劲、阶及神明来感悟。

第三个步骤，感受含三为一，使套路招式、内功心法、太极思维融合到一起。虽然一开始不好融合，但到最后，必须融合到一起。

从水性太极拳的角度来看，亦有三个学练阶段：

第一阶段，小乘着熟阶段，即太极拳的有为法，世间法（智），强调为拳日益，一法生万法，明了太极拳的名和相——学架子、入架子。

第二阶段，中乘懂劲阶段，即太极拳的无为法，属于出世间法（智），强调为道日损，万法归一法——悟架子、出架子。

第三阶段，大乘神明阶段，明了流体、无力、无为、无根、无量、无形、无相、无住等太极思维——进入了改架子、创架子、无架子阶段。

一、小乘——着熟

小乘阶段，关键是熟悉招式、松腰和内功心法，此为“着熟”。

开始学练内功太极拳及松腰太极拳时，许多人在最初的十多天里最为困惑，感觉自己特别笨。

其实并不是大家笨，而是因为太极拳内功心法的术语及用意不用力的要求，对于人们已建立的知识参照系来说，是一个全新的理念和体验——也可能这方面本身就是一张白纸，连个参照物都没有。但是，这是培养、激发内功的重要途径，必须从一开始就树立起来，否则光顾尽快学会动作，然后去追求动作的规范与否，就会与内功太极拳及松腰太极拳的“以神意作主宰”的要求越来越远。这样学练太极拳几年、十几年，只能比画太极拳套路，只相当于天天练体操，只可取得活动筋骨的效用，而对太极拳丰富的内涵滋味却无从品尝。这个阶段关键是学会动作要领，粗通神意气的内涵，并能一点点地融入行拳走架的过程中。

著名学者南怀瑾在《易经杂说》一书中指出：“中国道家讲修道，欲修成神仙，必须打通任督二脉。所谓任督二脉打通，就要‘黄中通理’，这个‘黄中’，抽象的是天地之中，具体的是人的内部肠胃一切都好，黄就是中央的颜色，‘理’不是道理的理，是中国医学上的‘腠理’，就是皮肤毛孔。工夫下到了、修养够了的人，内部通了，外部亦通了，每个毛孔都通了，这个时候所谓天人合一的境界就到达身体了，面上都有光彩。这时真美，充满了四肢，都全身畅通了，那么，‘内圣外王’，内在有了这样高的修养，如果有机会发到外面，发于事业，就内外合一、天人合一，美丽极了。”这段话所说的内涵，可以通过太极拳的修炼来实现。

如何实现？关键就是要做到内外相合和腰要松。

内外相合是指自身与大自然相互融合、彼此贯通。内外并非指人体构造层面上的身体之内部与肌肤之表层的划分，而是指练拳者由神意气形所构成的功夫在与外界大自然之气的交流、融合、混化、贯通的过程中不断地吐故纳新、充盈壮大。原北京市武协副主席汪永泉先生所传的太极拳中，修炼内外相合最畅达的途径就是三道气圈。三道气圈由身中发出，弥散在肩、腰、胯的外围，其中以腰气圈为主，上支配肩气圈，下支配胯气圈，由此形成一个内气与外气合和充盈的整体，从而进入“其大无外，其小无内”的天人合一之境界。这个境界养生益寿的效果突出，补充体内精力的效益明显。内外相合的关键是学练好内功太极拳。

腰要松，就是每一个动作都是由腰而发动，“丹田发动，周身显用”；这个非常关键，我们以松腰太极拳来帮助实现。

二、中乘——懂劲

一般来说，三道气圈有了基础后，在行拳走架的过程中就要多体会上下相随了。关于上下相随，杨式太极拳第三代传人杨澄甫先生说过：“上下相随者，即太极拳论中所云：其根在脚，发于腿，主宰于腰，形于手指，由脚而腿而腰，总须完整一气也。手动、腰动、足动，眼神亦随之动，如是方可谓之上下相随。有一不动，即散乱也。”这是有关上下相随重要性的论述，这是拳理。但是，上下相随，不仅仅是上面的手如何动，下肢的足也如何动，在内功太极拳秘传的方法中，还有特殊的练法，那就是三道气圈平行散出之后，肩气圈主引领两臂的运行，胯气圈主引领两腿的起落与移动，腰气圈是肩、胯气圈的主导与媒介。此外，为了避免在行拳走架过程中心意和躯体散乱，从而使平行的三道气圈能协调一致地运行，一定要在三道气圈的中心垂直降下一条身中垂直线（想象的思维线），这时，身形向前、向后、向左、向右移动，全凭这条身中垂直线的引领与操纵，由此就可求得在内外相合的基础上做到上下相随、腰为主宰。

腰为主宰，还能实现腰部的松柔、弹性、后突，这个有了基础，还得实现整个脊柱都能动。如是，“大关节蛇行”的功夫才能实现，甚至会由此开了“中脉”。这才是“腰为主宰”的真实用功处。

修炼丹道之功或藏密之法有修中脉之说，其实，在太极拳修炼的过程中也有与此说法相类似的身中垂直线修炼的内容。在上下相随的进展阶段，这是一个长期修炼的过程。衡量身中垂直线的修养水平标准有四：第一，垂直线软而活，在揉手的时候，让对方发不出反应力；第二，把身中垂直线与钟锤融为一体，可上提下落自由旋转；第三，让身中垂直线粗而且膨胀力强，任何外界的干扰都不能使之混乱；第四，脊柱有气流由长强穴直达头部天门穴（囟门部位和相关区域），拳论认为是“尾闾中正神贯顶”，实际上一定要把腰先松开才能实现。以上四个标志不是传授的招式方法，而是学练内功太极拳、松腰太极拳或其他太极拳的高手之功夫修为的自然显现。中脉和三道气圈的具体习练方法详见本书第六章第三节。

许多人仅仅满足于演练拳架子套路，以为一门心思天天演练就可以功夫上身，岂不知太极拳还必须经历修拳阶段的身心锤炼，这个阶段重要的内容就是明白“命意源头在腰隙”，“起心动念不离这个”，也就是让每个动作姿势的运行与转换都融入内功，都懂得如何借地心引力。

如何做到融入内功呢？关键是把每个拳架都拆开来默识揣摩，从而能随心所欲地将这个式子去僵硬而得柔韧，去招法而得内功劲法，去刻意烦琐而得简洁明了。

左右搂膝拗步、手挥琵琶、单鞭、云手、下势、抱虎归山、肘底锤、十字手等姿势的漂亮与否，练习者往往将之看得很重，也因此在练习的过程中，思维关注姿势的弊病始终改不了，浑身僵硬的毛病也就不容易去掉，以致形成自身神意气对形体动作过分依赖，有的人甚至会出现血压升高等病理现象。所以，必须从“松散通空”进入到“松空圆满”。

盘练太极拳架时，梢节的松开、松散、通空尤为重要。松开就是松开身体的各大关节，使之形成流体、弹簧状态。松与散能使手部内气在自身气势的外缘与大自然的外气自然交融，也便于达到佛家所说的“色即是空”的境界。如何实现与外界之气的交融并使之与身体形成一团混元气呢？关键就是在太极拳的修炼过程中，心中、眼中、感觉中逐渐淡化手的存在，直至最终忘却双手，达到周身一家、“手非手”的境界。一般来说，此阶段训练要重点体会左右搂膝拗步、手挥琵琶、单鞭等动作，特别是对单鞭中“一身备五弓”关于“空四梢”的内在训练内容要反复揣摩。

此时，反复锤炼太极拳的站桩，特别是川字桩（亦称十三总势桩、活水桩），是训练“偏沉则随”的好方法。

“松散”之后必须要伴“通空”，“通空”之后必然要进入“松空圆满”“松化净定”——内在里像是充满内气的气球，充实饱满；好像旋转门、跷跷板，动作之间的转化自然轻松、不露痕迹；继而周身内外成为混元整体，从而使神意灵敏、元气充沛、延年益寿之实效自然展现。

懂了以上内容，并能做到，才是懂劲。

三、大乘——神明

很多人每天早晨练拳，为了不忘记套路，要把学过的套路都打一遍。这样学练的结果是，精力付出很多，效果却不理想。

还有一种情况，就是许多太极拳爱好者拳架研习熟练后，往往抱着拳法套路不放，一辈子在拳套上下功夫。其实，拳架只是帮助理解太极拳真谛的渡河之舟，目的是抵达太极功夫的彼岸。过了河，船是要扔掉的。

前一段时间，有一个太极拳爱好者去拜访一位太极拳老前辈。这个太极拳爱好者问："您是练哪一家太极拳的？"这让太极拳老前辈很为难，因为太极拳的各家各派只不过是门，进了门，则要忘记门，专心领悟、欣赏门里的风景才对，所以，这位老前辈只好以沉默回答之。因为这位老前辈已经很多年不练完整的拳架子了，很多招式招法的名称都已忘记了。

为学日益，初学的时候要尽可能多学、多练，到了一定阶段，则必须"损之又损"，动作招法越来越自然随意，内功心法简洁明了，不复杂烦琐——脱离太极拳门派的特性和原有拳架子的束缚，进入改架子→创架子→无架子的阶段了。这个阶段，如人饮水，冷暖自知。

传说杨式太极拳内功传承体系中，有一幅描述杨家祖孙功夫进阶的图画，全图共十三层台阶，最高处绘着一座南天门，第八层台阶标着师祖杨禄禅的名字，健侯公排在第六层台阶上，班侯公排在第五层，少侯公排在第四层……这图画中第一层的意思为懂劲，第二层是能用劲……到第十三层才能达到出神入化之境。

这个出神入化的境界，就是自然无为、全体透空、空中生妙有的境界。这和道家"粉碎虚空"及佛家"四大皆空"的境界是一致的。

由此可见，自然无为的境界是一种难以用语言表述的境界。如果表述的话，我们可以这样来形容：此时，太极拳拳架中每一招、每一式、每一种内劲走法都已经没有了，太极拳的独特思维——无根之根、无力之力、无中之中、无向之向，已成为自觉意识，一身舒适、无我无为、无形无相、万法自通、圆融无碍的境界已经呈现。

第三节 “四松”说

松透身心的功夫在中国传统武学中几乎是所有门派的共识。少林功夫的松功是少林童子功、易筋经等，武当派宗风传承的松功有小炼形、玉环桩等，峨眉派影响很大的松功是峨眉十二桩、脏腑小炼形等，形意拳特别强调明劲、暗劲、化劲的训练，这三种劲实际上也是以松透周身为目的，比如，形意拳名家李存义就曾说过“暗劲之体用是将周身四肢松开”，八卦掌亦有“周身环节需放松”口诀传于后世。

太极拳界对松透身心亦有深刻认识，杨澄甫先生说：“一个松字，最为难能。”吴图南在20世纪40年代还曾专门写过一篇题为《松功论》的文章。当代太极拳明家王壮弘老师，则以“不”的否定语句来说明松的重要性：“不松何以空，不松何以柔，不松何以满，不松何以圆，不松何以活，不松何以灵。”由此可知，练太极拳能获得祛病强身、延年益寿、优化生命、开发智慧等功效，其奥妙就在一个“松”上。既然古圣先贤不约而同地把思维的指向集中在松功上，那么由此可见，松透身心的理念是太极拳练习者必须知晓的知识，亦是值得终生追求的境界。

“松”的内容有两个。

其一，松身，就是松透周身上下内外，打开、畅通人体的所有关窍要道，使气血运布周身“不稍滞”，老前辈称之为通透周身、通透度好。

其二，松心，就是调整内心，使之不慌乱、不紧张、不拘谨、不自我设限，始终保持心气平和、愉悦自然、内在里充实的状态。

总之，松是太极拳修炼体系中最基础、最根本、最高深的内容之一。

可以说，太极拳锤炼身心的硬指标就是松透身心，从而为打破有界、有无界、无界的界限奠定基础。练太极拳如果能树立这样的指标，则练拳的主动性就有了，也明确了练拳的方向，这样，就会少走弯路，让人达到“气血流通，百病不生”之“上医治未病”的太极境界。

太极拳“松”的功夫，共有四个依次递进的台阶、步骤、境界：松稳慢匀、松散透空、松空圆满、松化净定。

一、松稳慢匀

松稳慢匀的基础是把身体的所有关节松开。杨澄甫说：“松，要全身筋骨松开，不可有丝毫紧张，所谓柔腰百折若无骨，只有筋耳，筋能松开，其余尚有不松之理乎！”这说明，松透身心的第一层功夫就是松开全身的各个主要关节，其目的就是把身躯、四肢这些人身体上的五根棍子变成“柔若无骨”的状态，在这方面，《太极拳谱·三节》中论述得很清楚：“以一身言之，头为上节，胸为中节，腿为下节；以头面而言之，额为上节，鼻为中节，口为下节；以中身言之，胸为上节，腹为中节，丹田为下节；以腿言之，胯为根节，膝为中节，足为稍节；以臂言之，膊为根节，肘为中节，手为稍节……”练太极拳者，一定要把这些大的关节处松开。为什么要松开？因为“气的发动，要从稍节起，中节随，根节催之而已”。

基于这样的认识，有人把太极拳松开身体的内容称为“九松”，其实，具体来说，不仅仅是“九松”，还应该把手指、手腕、肘、肩、颈、头部、脊柱、肋、腰、胯、膝、踝、脚趾等部位都松开。

从武学学派来看，虽然都讲松，但各派还是有一些侧重点的。作为练太极拳者，松腰最为重要。杨澄甫在《太极十要》一文中，把“松腰”列为其中的重要一条（第三条）。从一个比武的故事可以看出各派对松的侧重点的不同。有一次，在北京东单公园，一位练杨式太极拳的老前辈和一位练通背拳的老前辈比武交流。练通背拳松得最好的地方是肩背部。他们一过招，太极拳老前辈本已用手挡住了对方的手，但通臂拳老前辈的肩部突然长了一些（据说通背拳高手的肩部能拉长一尺），结果手就打到了太极拳老前辈的脸上。不过，太极拳讲究松腰，太极拳老前辈一瞬间腰一松，一股力从地上传过去，就把通背拳老前辈给发出去一丈远，坐在地上了。他们俩算是打了个平手。从这个故事可以看出，松开身体非常重要。

为帮助练太极拳者松开身体，笔者在教拳实践中，根据太极拳对拉拔长、圆伸一体的原理，结合师传内容，编了一套比较全面的松身法。这套松身法可作为抻筋拔骨的养生方法，亦可作为热身操，在练太极拳架前练一练、热热身。这套松身法，由松手指、肘、肩部开始，先让上肢实现“大关节蛇形、小关节蛹动”，然后再松其他各大关节。

有了这个基础，松稳慢匀才有实现的可能。

如何实现呢？太极拳行拳走架时的招式招法、形体动作的节奏，一定要稳，不偏不倚，如是才能心平气和。动作幅度不要过大、过小，要稳稳当当，不急不躁。行拳走架的速度要慢，慢是因为意在先，内气催动气血，气血催动姿势，有时间差，如是方能敷布输送到身体的所有关节、末梢，从而提供身体所需的营养。匀，就是内气一定要均匀，不要忽快忽慢，不要漏掉身体的任何部位，因此，一定要“无有凹陷处，无有突兀处”。

二、松散透空

瑜伽、催眠术、气功、心理疏导、西方的成功学等都主张放松。大都是从头往下放松，如催眠术等；印度传过来的瑜伽休息术，则一般是从脚向上放松。

太极拳则要求松散。松散就是从上到下、由里至外同时放松，这样能不偏不倚，符合太极拳理。太极拳就是调和阴阳，使之归于中和，中和就是内外均匀舒适，没有一丝一毫的拘谨、紧张。

如何做到松散？不管是行拳走架还是专项的基本功训练，都要通过自我暗示、想象周身上下内外没有任何压力的办法来实现。内功太极拳中有一个重要的练法叫“三道气圈”，它就是用来练松散的。想象也可以通过“一石激起千层浪”来理解，这样的状态就是既有向下落的意思又有向外散的状态，这种状态就叫松散。如何理解？可以体味坐电梯时突然下落又有些往外膨胀、飘忽的感觉。著名作家毕淑敏形容松散像烟灰一样下落，当烟一抖的时候，烟灰既往下落，又往外散，这个状态就叫松散。

人如果能实现松散，则很多健康的问题就能得到解决。有很多时候，就是因为不松散，周身才会不知不觉形成了疾病滋生的环境。比方，形体的拘谨引起气脉的堵塞，而精神的拘谨，就会引起心理压抑。所以说松散不仅对练好太极拳有帮助，更关键的是让心理压力得到缓解。

太极拳内功心法在初期训练的核心要旨就是抵达松散境界。

松散更多指的是内气和外气形成整体，内外相融，不离不弃，内就是外，外就是内，内外相合方为太极拳的松散透空。

三、松空圆满

松是为了空，空是为了圆，圆是为了满。这四个字，相互说明，相互解释。

何为松空圆满？有一个比喻可说明。比如胳膊往外一伸，别人抬着很费劲，就像一捆衣物被水浸泡之后，抬起时有很重的感觉一样，这就是松空了，同时内里又有很多物质能量。我记得多年前，当时92岁的铁恩方先生（程式八卦掌第五代传人）来我家，有位女士用两只胳膊去抬铁老伸出来的一只胳膊，但就是抬不动；后来还把他的胳膊当成杠铃向下压，也压不动。这就是松沉。但是松沉和沉重又不一样。沉重是死的，像桌子等器物一样，形是死的；而松沉是灵动的。对于松沉和沉重的区别，拳论中也进行了阐述："双沉不为病，自尔腾虚，与重不一也。"

松空圆满，还体现在太极拳架演练过程中的"心气下沉"，不浮不躁，很沉稳。在传统杨式太极拳中，特别讲究"掤"劲，打"掤"劲的时候，仿佛一种浩然正气般的气势、威仪，能量往下落的同时又往上充溢、膨胀，这种太极拳的神态、气质就是松沉。太极拳谱有言："掤劲意何解，如水浮舟行，先实丹田气，次要顶头悬，全身弹簧力，开合一定间，任它千斤力，漂浮也不难。"练太极拳一定要体现出这个"松沉"的内容来。

松空圆满，除了反复默识揣摩其间的道理外，在太极拳的教学中，至少要用以下几种办法来帮助学练者感觉松空圆满的真实存在。

1. 松的练法

（1）胳膊像一摊掺了水的湿泥，通过想象把其放置于万丈深渊的办法来帮助初学者体验到沉和满。

（2）两个胳膊伸到头顶上方，手心相对，指尖轻轻相接，然后，好像不要两臂一般，任两臂自由地落下来——这是松。

2. 空的练法

（1）打拳的时候，忘记身体和招式的存在。当然，这得动作姿势极为熟练了之后再试。

（2）意念守着虚空打拳，每一心念，都是虚空在动。

（3）打拳的时候，眼观六路，耳听八方，心感应着，动作松稳慢匀；内外之气松散透空而又连绵不断地生生不息。

3. 圆的练法

（1）两手、两臂、胸腹要有抱气球的思维，每一个动作都圆转。

（2）身体被想象的气球包裹着，招法的动，是球向前、左、后、右滚动。

4. 满的练法

（1）动作招法，好像被气球充满，动作是飘出去、移出去的。

（2）好像身体膨胀，溢满了整个虚空，而且膨胀的身体里面有满满的能量。

四、松化净定

太极拳的净，至少有两个境界。第一个境界：安静的静；第二个境界，干净的净。这是逐渐强化深度的过程，但最终要实现的境界是松净。静和净很重要，儒、道、佛国学经典均有重要论述。比如儒家讲：敬、静，先恭敬而后内心宁静；宁静以致远就是这个境界。《道德经》言“致虚极，守静笃，万物并作，吾以观其复”，道家亦有“人能常清净，天地悉皆归”之说。佛家《楞严经》上说道：“净极光通达，寂照含虚空，却来观世间，犹如梦中事。”实际上，这些不同的说法都表明，真正能静下心了，头脑纯净，人的智慧就能获得开发，就能成就事业。

静要达到干干净净，一丝不挂，就是在盘拳走架的过程中，头脑宁静祥和，像是一汪清水，清澈透底，了无痕迹。能实现吗？只要天长日久地练太极拳，练着练着，就会逐渐缓解工作上的压力，生活中的烦恼也不能干扰自身的情绪了，如此这般，人的性格就会逐渐开朗起来，也就逐渐抵达不被外物干扰内心的松净（马克思所称“不被物所异化”）境界了。

实际上，净境界就是定的境界。

松化就是大而化之又了无痕迹，这是太极拳练到最后要实现的境界：内外、上下、前后、左右都是一个，而不是两个。《太极拳论》所言“掤、捋、挤、按、采、挒、肘、靠、进步、退步、左顾、右盼、中定”的太极拳十三总势变成了一个整体。此时，“意气须转换得灵，乃有圆活之趣”；“沉而不滞，静如山岳，周流不息，动若江河”。总之，太极拳《密授歌》所提及的“全体透空，无形无相”就是这样的境界。叶大密先生说：“将自己身上九节，节节放松，从有形有象，松成无形无象。”

定的锤炼就是让太极拳习练者进入“复归于婴儿”的状态。它不是讲让你倒回到婴儿时代，而是说，练太极拳者（至少在练太极拳的时候）通过太极拳长年的熏习，身体没有拙力，皮肤富有弹性。太极拳里有形容这种境界的太极拳高手的话：太极拳练得好的人有双“美人手”。因为通过运动的方式促进了血液循环，人体的末梢气血流通，这样，就滋润了手，使手部不再干涩，所以双手就变得如同少女般很细腻，很柔软，有光泽。

如何实现呢？向婴儿学习。第一，身体柔软如婴儿。《道德经》讲“专气致柔，能婴儿乎”。第二，内心像儿童一样没有分别心。内无思虑，精神专注在自己感兴趣的事情上。第三，不患得患失。洒扫应对，举重若轻，甚至练拳的时候，忘记了招式招法，“及吾无身，吾有何患”。

总之，松的四个境界必须持久修持，而且是混合到一起进行修持。分次第，是为了表述方便，并且也是为了具体练拳、打拳、行拳的时候，一点点积攒之——《拳谱·太极下乘武事解》中说：“太极之武事，外操柔软，内含坚刚……实有心之柔软也。”

第四节 “十要”说

身法的好坏是演练太极拳的关键因素。

太极拳的身法是为了演化太极而提出来的。太极拳前辈对此多有论述。陈鑫说："打拳原是备身法。"许禹生认为太极身法的核心内容是："中正安舒，不偏不倚，脊背三关，自然得路也……圆妙庄严，灵活无滞……"李亦畬的《五字诀》则特别强调："二曰身灵，身滞则进退不自如，故要身灵。"杨式太极拳家传《身形腰顶》中更有歌诀流传："身形腰顶岂可无，缺一何必费工夫。腰顶穷研生不已，身形顺我自伸舒。舍此真理终何极，十年数载亦糊涂。"

此外，太极拳老前辈还对身法的锻炼提出了系统而全面的锻炼纲要——"身法八要"和"身法十要"。其实,"身法八要"和"身法十要"的差别并不大。

太极拳身法锤炼的目的，是练成一个立体的圆球，因此，身法锻炼的要则不能单独割裂开进行理解，必须根据对拉拔长、内外一如的法则来进行整体训练。

一、虚灵顶劲和气沉丹田

虚灵顶劲指的是不要萎靡不振，而是要保持头部的中正自然。中正，指的是前后左右不偏斜，不仰头低头。做到这点，有三个要点要掌握：其一，虚虚的好像空中有一条细线，把整个头部带起来（把两耳、玉枕和头皮整体提起来一般），此为虚之内涵；其二，颈项部微微能蹭到衣服领，放松不紧张，此为灵（也作领）的法则；其三，收下颌，保护喉头的要害，拳谱云"问尽天下豪杰，喉头永不抛"，喉头抛，命门则会滞住，清灵之气就不易上升了，营养头部的效应就会受到阻挡。

在虚灵顶劲的同时，内在里，还要头、颈、胸、背以及相应的血、肉、筋、骨往下流、落、沉，沉到中医所说的命门穴、关元穴等部位，不是具体的某一点，而是整个腰部的区域，要腹部放松地沉落。此为气沉丹田。此外，初步是气沉丹田，进一步还应继续沉到整个下半身，这样，人就不会浮躁了，遇事也不会慌张，还可避免或缓解高血压等疾病，打起太极拳来，才会给他人以宁静感，给自身带来沉稳舒适的内在享受。

这两个要则，一定要同时训练。

二、含胸拔背和松腰松胯

虚灵顶劲和气沉丹田锤炼的是身体的顶和底（天和地）。一个立体的球，必须是上下、前后、左右都具备才能成形，含胸拔背是锤炼前和后的原则。含胸不要从外在的形体去追求，否则会练出凹胸驼背来。这种偏差必须杜绝之。含胸是虚怀若谷，拔背是自信包容，在传统太极拳谱中被称为“身法十要”中的两要，其实它们是不容分割的整体。传统内功太极拳主要用了“胸是两扇门，向后敞开”和“身后如锅底，向四面八方延展”的比喻来帮助理解。现代人用生理学的知识来阐述，想象着左右胸肌如一张信纸往中间收折（折半），两臂往前送，往内转，这样，背部就会有拉紧的感觉，同时把大椎部位往上拔，和虚灵顶劲相互接合，这就是拔背。拔背的同时要和沉肩相应和。

松腰松胯是传统太极拳特别强调的。腰胯不松，则中节不灵活，太极拳球体之左右的内涵建立不起来。在这个过程中，腰是全身动作灵活的关键，而胯随腰转，气势可以扩展到周围区域。过去内功太极拳特别讲究“一身备五弓”，脊柱是一张弓，这张弓上从大椎到玉枕，下从骶骨到尾闾，弓背就是脊中到命门这一段。这张弓连着其他（上肢和下肢）四张弓。腰胯一动，其他四张弓都动弹。这样，拳法所说的“一动无不动”就能实现。松胯的窍门是圆裆和扩膝，让身体的重量流往脚掌，这样，立体的圆就能形成力量。此外，松腰松胯做好了，腰就不会酸、痛、累、麻木了，对养生具有重要意义。

三、沉肩坠肘和裹裆护肫

太极拳所有的动作都要求松肩。松肩的核心是空腋。如何空腋？传统太极拳的练法是想象腋窝处好像夹着馒头，如果使劲，馒头会瘪，如果不使劲，馒头会掉，这样练拳，就容易做到沉肩了。这样做，方便把腋窝处的极泉穴（属于心经）打开，气血容易过去。松肩还有一种练法是想象着肩井穴沉到肘部麻筋处（尺神经沟），坠肘因此也就容易实现了。

裹裆的要诀有三，第一，调裆；第二，吊裆；第三，圆裆。其实质是把前阴、后阴、会阴都封闭住，这样，护肫（胃部）的作用就能发挥了。胃，阳也，位居腹中，主中气。中气足，则生命力就旺盛。古代中医名家刘完素等认为，胃的化气功能强，则任何疾病都能逆转。练太极拳要求护肫，能让胸、肩更好地放松。这里必须要实现的太极功夫就是会阴提、尾闾下垂、收敛臀部（不要翘臀）、百会处虚灵顶劲应该同时完成。

四、提起精神和扩膝松踝

练太极拳并不是松松垮垮地练，而是身形放松，精神却饱满、集中、宁静、专一，有气势——提起精神至为重要，传统太极拳“身法十要”中的首要即为“提起精神”。灵知灵觉才是提起精神的实质。武禹襄在《十三势行功要解》中说：“精神提得起，则无迟重之虞，所谓‘腹内松静气腾然’也。”如何做到？每次练拳之前把任何杂事都办完，没有任何干扰地练拳；练拳的过程中，头里边要祥和自然、感觉灵敏。其实，这是让自身有智慧的练法。

两个膝关节要内合，把内里撑开，这样，圆裆才能实现。同时，还有用膝部的鹤顶穴提脚心的要求在里面，如是，举步才能轻而柔，迈步才能如猫行；踝部亦要放松，不要僵硬，这样，才能“十趾抓地”。“十趾抓地”不是练拳的时候用力，而是指发力不离地球的引力。练拳的过程中踝关节一定要松活，从而带动脚掌自然着地。

五、内外相合和中正安舒

内外相合和中正安舒在练拳的过程中是不能须臾离开的。

内外相合主要是落实“外三合”和“内三合”。外三合就是手与脚合、肘与膝合、肩与胯合，如此练拳，上下一体，偏沉则随。内三合，是神与意合、意与气合、气与力合。如何实现？必须周身都是立体的圆球才行。有的时候，可以用周身内外有个十字架在两个肩胛骨中间相交，连通这个立体的球来理解。

中正安舒的关键是垂尾闾。练拳的时候，以上下一体、不乱摇身体为要。“中气贯于心肾之中，上通头顶，下达会阴。”如此，才能探究太极之终极境界。演练太极拳，才能积聚出生命的能量，实现“延年益寿不老春”的目的。

第五章 太极心法修炼精要

第一节 悟空·如意·金箍棒

练太极拳的过程中，最重要的是体悟“空”。如何体悟“空”（亦要最终证得空而不空的境界）？可向中国古典小说《西游记》中的孙悟空学习。

孙悟空的名号是“悟空”，象征着取经之路（喻我们人生的修炼或太极功夫的修炼）就是悟空之路。

如何悟空呢？最好的途径是思维悟（思维修），通过思维（参话头，明白道理）消灭我执，尤其是消灭人的贪嗔痴慢疑。不消除这些，人的思想就会偏颇，就会大闹天宫，搅乱头脑里人的天性（天庭）之虚灵明净状态。

不过，作为忙着生存的世俗之人，大闹天宫好像是人人都要经历的过程——经历挫折、磨难、困惑之后，最终会走上修行之路——懂得悟空，并重返灵山。“返本归元便到家，亦无玄妙可称夸。”重返灵山，就是回归本性——人本具的智慧和能力实现自由自觉。

一、悟空的基础是头部

悟空的物质基础是能量，要让纯阳之气上升于头，使头部的气充足，然后，供养灵根、灵性、灵觉。

如何做到？在太极拳的修炼中，是起心动念（内功心法）、一招一式都保持虚灵顶劲、气沉丹田、含胸拔背、沉肩坠肘，等等。

在具体方法上，则要多做鹤首龙头。这个方法是我的一位老师传授的，当年，有人通过这个方法的训练还真体会到了空的境界（注意，一定要在老师的指导下做这个动作）。

鹤首龙头这个动作，取意于鹤首之前后运动和龙头的左右摇动。鹤居于陆地而喜涉水，禀阴阳中和之性，意态闲静，又善高空飞翔。练本动作，要体现鹤的这些特性，故应做到神恬意静，安稳舒适，优柔自在，沉稳深厚，不事张狂。

预备姿势：两脚并拢（当然，分开与肩等宽亦无不可），身体中正，身体放松，两手叉腰，拇指按在背部京门穴，其余四指按于胯上。

鹤首之运动要领：下颏回收，颈项后突、上拔。颈项放松，头后仰，下颏上翘；下颏由上向前、向下向内、沿胸向上画圆弧；恢复身体中正姿势。以上称“正鹤首”，做9、18、36次均可。按上述动作之反方向，即下颏沿胸向下、前伸，由下而上画弧至下颏上翘，头后仰，随即颈项后突、上拔，下颏回收。以上称“反鹤首”，做9、18、36次均可。

龙头之运动要领：左侧头角（旧称青龙角）向左下方倾斜，随即向斜上方画圆至恢复原位。同样，右侧头角向右下方倾斜，随即向斜上方画圆至恢复原位。每侧各做18次。

鹤首动作不要做成头的简单的前后运动，而是由后向前画一圆圈。初练时，以项后大椎穴为固定点，以颈的伸曲配合头来做这一动作。待熟练后，可将大椎穴放松，以两肩的开合，配合胸背的吞（含胸）、吐（挺胸），引动整个脊柱做前后的蛇形运动。

龙头不是头的简单左右摇摆，而是略呈“∞”形，并有呈“S”形上升之意。做此动作时，着眼在两侧青龙角，但不要画成平面的“∞”形，同时注意肩与肋部的放松配合。待熟练后，就要全身放松，在头的带动下，脊柱至下肢均随头之摆动做左右的蛇形运动。

鹤首龙头这个动作，对治疗头部（包括脑血管、脑神经）、颈椎（包括头晕、头胀、头痛、耳鸣、神经功能失调）、脊椎等疾病的效果比较好。

这个动作可成为太极拳功夫锤炼的重要基本功，更重要的意义在于，多做这个动作，会使头部的通透度获得显著提升，促使思维更加灵敏，反应更加快捷，思路更加开阔，从而为思维修奠定坚实的物质基础，甚至能帮助开发本具的智慧，实现悟空。

这个动作，有时间要多做。

做的时候，一定要注意气机的平衡，因此，单独以这个动作进行锻炼之后，应转一转脚趾、脚踝，把头部的气引下来。

二、悟空的诀窍是如意

悟空的第二个重要途径是用意。如何用意？《西游记》中记载的方法是——如意。

如意，好像有一个意念，又好像没有这个意念——有意若无意，无意之中有真意。如此这般，才能心想事成，才能圆融无碍。

我们练太极功、太极拳，修太极道，意念的活动必须本着这个模式来思维、来运用，如是方能发挥意识（和练功有关的思维活动，不是杂念，而是专注动作姿势的思维活动，古人称之为内功心法）的作用。意念过重，则形体动作和气机会停滞；没有意念，则气机不能动、不能生发、不能对身心的改变产生大的作用。因此古人言“意到气到”“气到病除”“气一而动志（气达理通）”。

“意到气到”的总则是要处理好意和气的关系。这其中的关键，就是似有非有、若有若无、意气不二、意气一体。这才是如意的真意——真意并不是什么意念都没有，而是超越了精神假借、意念造形、以理作意等阶段之后，抵达的甚深状态和“空而不空”之境界。如此，才可上天入地、变化无限——孙悟空七十二变的功夫（喻自觉不自觉地根据条件、环境的不同，主动调整自己的意念活动、思维活动，从而洒扫、应对、进退，变化无限，同时又了无痕迹、心想事成）也就有了。

如何锤炼出这个不好琢磨、不好理解、不好驾驭的意之活动呢？总结前辈的经验，如下四个步骤，应该对如意——如来如去之意的规律掌握有所帮助。

如意的第一层功夫——意念造形（亦可说精神假借、凭想象用功夫）。就是借助形象思维的方式，来制造一个形象。比如，做太极拳揽雀尾这个动作时，初期，可想象用两臂揽住一只孔雀，仔细体会其中沾粘连随的感觉；手臂往下落的时候，可像树叶一样向下，左飘右荡，虚虚实实，沉沉浮浮；做上步七星、小七星锤招式时，其心法可和北斗七星之意象融合到一起；做野马分鬃这个动作时，在意境中如有万匹野马奔腾的景象。以上是内功太极拳主动运用意识的举例。其实，这也是杨式太极拳内功心法范畴中的不传之秘。

如意的第二层功夫——以意领气，意到气到（意的活动和心法的运用进入了更广大、更灵动、更无形无相的阶段。此阶段，多用大自然更灵动的事物来以理作意）。意念在每个动作之前要做出来，比如，水性太极拳各种水浪的意想，要先现出水浪的意境，再随之催发出动作来。

如意的第三层功夫——以意囊括气，意气不二（亦可以说以理作意，意就是气，气就是意）。意和气不分了，动作和意气融合在一起，这个在水性太极拳中体现得很明显。手臂、身体整体螺旋式上升（偏沉则随的上升，就是有沉有浮的意蕴和境界）时，要同时体现出龙卷风般的气势和意境来。

如意的第四层功夫——以无意显真意，以真意抵达如意，此乃名真意、名如意。无意并不是没有意念，而是起心动念，从心出发，从核心处（意识的发轫点、意的本体、意的元体、意的本源）以因缘和合、阴阳互济的方式显出、荡漾出动作招式，这个状态，就是如来如去的如来境界（大闹天宫时，孙悟空逃不出如来的手心就是因为未达到这个境界，取经路上的孙悟空也没有达到这个境界，而成为斗战胜佛的时候，这个境界自然展现）。这个时候，沉飘腾、空圆转、虚净灵，心性明；这个状态，显于外在，动作姿势和气势极其美、极其舒服、极其自然、极其忘我，如烟、如雾、如水——尽性立命也就是自然而然的事情了。

太极拳“全凭心意用功夫”（意气之功），我们练太极拳的时候，一定要反复内省自己：这个“心意”用得如何了？

以上四层功夫，值得我们一层层地努力实现。当然，虽不能至，亦要“吾心向往之”。

三、悟空的秘密武器是金箍棒

要做到如意，还可用孙悟空最顺手的秘密武器来帮忙。

孙悟空的秘密武器就是运用好金箍棒（先天不动的时候，叫定海神针，后天发挥其作用的时候就叫如意金箍棒。比喻人的先天和后天）。我们练太极功夫的人，其金箍棒是人体的整个脊柱（古人云“先天存之”）。活动好、锻炼好、修炼好脊柱（古人云“后天承之”），是实现身心健康的最便捷、最重要、最核心的途径（人体的秘密武器）。

修炼人体之金箍棒的意义是什么呢？转动最下面的尾闾时，能搅动气海、丹田之气；动头部时，则能搅动脑海。气海、脑海由脊柱和脊柱周边的经络、周天连通（道家所谓的“还精补脑”，一定是有内在通道的，这个通道的秘密就在于脊柱）。脊柱好，则丹田（气海）的容量大，气量足；头部（脑海）能量充足而精微，从而生命力旺盛。生命力旺盛，则心神安定；心神安定，则心想事成。

定海神针，人人需要，人人本具（先天具有）。

我们人，由于有了这根定海神针，才能立起来，才能动起来，才能健康。没有了这根定海神针，则体内会翻江倒海，气机紊乱，人也会失去顶天立地的气概，不能站立行走了——人也就不成其为人了。

会运动、锻炼、修炼脊柱了，就是人有了如意金箍棒。

在太极拳和太极功的动作姿势上，运用如意金箍棒的方法有很多。

其一，要把身体想象成大钟（身如钟鼎），把脊柱想象成钟锤（如意金箍棒的一种变化模式），随着动作的变换，钟锤要旋摆，或前或后，或左或右。

其二，进一步，在意念的调动下，甚至能上下提悬垂落。

其三，内外一如，钟锤一动，则全身气机相摩相荡，气血流通，从而百病不生。

其四，在太极拳或太极功（在太极拳中，单式重复为“功”，单式相连为“拳”）训练中，则要能尾闾画圆，催动腰胯产生姿势变换，从而由内达外，阴阳互济，拳架招式也因之有了内涵和境界。

为达到这样的境界，有一个基本功必须经常练习。有了基础，才能在拳架和推手中发挥如意金箍棒的作用。

这个基本功就是转腰涮胯松腰法，它是太极松腰法体系中的重要内容。这个动作看起来很简单，但对于松腰（太极拳特别讲究松腰，杨澄甫把其列为“太极十要”之一）的意义重大，是必须经历的训练。

转腰涮胯松腰法对增强太极功力大有益处，可取得松腰、垂尾闾、运动尾闾、封闭会阴的锻炼效果。此外，转腰涮胯松腰法对五脏六腑也能起到很好的按摩保健作用，可促进肠胃蠕动，增进消化功能，强肾作用明显，主治遗精、阳痿、遗尿、月经不调、白带、肾虚腰疼、耳鸣、耳聋等疾病。有一年我母亲患了多发性子宫肌瘤，我就教她每天练转腰涮胯两个小时，两个多月后，子宫肌瘤就消失了。后来母亲体会到这个方法既适合治疗妇科疾病，又有很好的减肥健身的效果，所以就到处向相识的中老年妇女推荐，她们也都取得了很好的预防和治疗妇科疾病及减肥的效果。

转腰涮胯松腰法基本动作：两手叉腰，中指按在肾俞穴上，两脚与肩等宽，平行站立，适度下蹲，躯干与大腿成一钝角，膝盖不过脚尖。两眼轻轻闭合，全身放松。髋关节放松，并以之为支点，转动骨盆，先左转9—49圈（或不限次数，用定时的方式进行转动，15分钟、20分钟、半小时均可，下同），再右转9—49圈。最后，以尾闾骨向前扣、向后翘带动骨盆做前后摆动9—49次。

转腰涮胯松腰法要领详解：转腰涮胯的动作其实很简单，只是初学者由于不经常这样运动，腰部有些僵硬，所以可能感觉有一定的难度。不过，只要把握好以下几个要点，就能逐渐进入转腰涮胯的境界。

（1）转腰涮胯之骨盆转圈要圆，不丢掉任何一个方位，先以尾闾为点来画圆，这样易使腰胯转得圆。

（2）两脚分开，与肩等宽，两膝微下蹲，大腿根稍往回收。练时意念放在尾闾尖上，用尾闾沿左前、左、左后、后、右后、右、右前、前的方向转圆圈，不要出棱角。反方向是沿右前、右、右后、后、左后、左前、前的方向转圆圈。

（3）位于骨盆下方的尾闾转圆了，骨盆自然就转圆了。若尾闾未按上面讲的方位转圈，或意念只注重在两个胯骨轴上转，也不易转成圆圈。尾闾转圈时，上面的骨盆就必然会带有倾斜度地一上一下、一边高一边低地转起圈来，这就需要动作具有整体性：这边出，那边同时就进；这边进，那边同时就出。

（4）开始练习时，可以把圈转得大些，两脚的距离大些，蹲得略低些。尾闾向左靠，右边就虚了；尾闾向后靠，臀就翘起来；尾闾向右靠，左边就虚；尾闾转到前边，臀就缩回去了。这样转难度大些，但腰胯转圆圈易合度。逐渐熟练后，胯骨轴就不用力了，只是尾闾在微微地转圈，这样的小圈，在外形上看，转圈转得并不明显，但比转大圈的效果好。

关键动作——前扣后翘莫轻视。扣尾闾是将尾闾向前扣，扣到极限时再向前抬一下才到位，同时收小腹。然后尾闾后翘，翘到极限后再往后上耸，把腰眼挤住。扣、翘尾闾时，以胯为支点。将身形上挺，可以连带着将脚跟拔起。熟练后，再以两条大腿为支撑，两边立着转圈。当两边的胯骨能单独转到丹田内气萌动后，就用丹田气带着转，即先用形转带动气转，再用丹田气带着转。开始要慢，越慢体会越深。腰不要用绷劲，只有腰松了，气才能流通。前扣后翘是取得松腰、垂尾闾、运动尾闾、封闭会阴效果的关键所在，练习者千万莫轻视这个动作。

如意——意念活动帮助强化效果。意念（如意）对于这个动作很有帮助。用意念画圆圈的时候，要想象孙悟空在三打白骨精时，为保护唐僧而在地上用金箍棒画圆，只是这个圆圈是用意念催动尾闾画的，要画得超过身体范围，1米到1.3米的直径即可。此外，还可在尾闾前扣后翘的时候，用意念前后画立圆。尾闾前扣的时候，意念从下向前、向上，在虚空中画意念之圆的前半部分。尾闾后翘的时候，意念从下向后、向上，在虚空中画意念之圆的后半部分。圆的链接点、相接点在头顶百会穴的上面。此时，还要观照体内脊柱，想象有一根和体内脊柱成重叠状态的意识线——身中垂直意识线，这个线上下延展，探出体外，向上，和立圆的上端在头顶上方相连；向下，深入地底，和地下虚空的立圆的下端相连，这样，就形成了身体被立圆包裹（实际上是被气团包裹）的状态。

静养片刻。许多人锻炼完之后擦擦汗就走了，这在中国传统的太极拳中是不允许的，因为这样会使锻炼效果大打折扣。练养结合是中国传统太极拳区别于单纯体育锻炼的特点之一。武术界称锻炼之后的静养为收功——练是播种，养是收获，对于转腰涮胯这个方法来说也是如此。前边不管练了多长时间（或多少次），此时，一定要身体直起，松开叉腰的两手，向前仿佛抱着气球一般拢合两手（好像把气球给拢到腹部了一样），两手敷于肚脐，这样静立1—5分钟，然后两手自然下落到身体的两侧，两眼慢慢睁开。

如是，则整个转腰涮胯松腰法就结束了。

有了松腰的基础，则演练太极拳时，“腰为主宰”的作用就能得到很好的体现，上下之气才能畅通无阻，借地心引力的功夫才有了基础，当然，养生的效益也就能自然而然地展现。

四、悟空、如意、金箍棒，含三为一

要让这个定海神针更好地发挥作用，则必须脑海里——悟空；思维——如意，即自如地运用我们的意识活动；气海（腹部、两肾区域，先天之气的所在）——上下左右，自如地旋转、转圈，从而催动腰胯，实现松、活、灵、整。

这个时候，还要藏。因之，孙悟空的金箍棒需藏于耳——肾开窍于耳。定海神针（金箍棒）上下是一体的，脑海、气海都是生命之海。如何藏呢？如果单独练转腰涮胯松腰法，建议再做一做通耳——把小手指伸直，拇指弯曲，盖住食指、中指、无名指，形成传统功夫界所说的"肾水诀"，然后，把小手指伸进耳朵里，内外一松一紧地开合几次。

通过以上头部、意识（心法）、脊柱和腰部的修炼，使得太极拳——相对于神意气来说，做到了"神意作主宰"；相对于躯体招式动作来说，做到了"腰为主宰"。这两者又是不可分离的，有了这些作基础，再练太极拳，就会别有洞天。

鲁迅关于《红楼梦》有一段最著名的话，也是被引用最多的话："经学家看见《易》，道学家看见淫，才子看见缠绵，革命家看见排满，流言家看见宫闱秘事……"从中国古代伟大的小说《红楼梦》中，我们太极拳修炼者，则可以看到悟空的故事，即开悟的机缘：贾宝玉和林黛玉谈恋爱，满心欢喜地以为能娶林黛玉为妻，结果掀开盖头，却发现是薛宝钗，这个时候，他头里面一空，从此开悟，不再执着，不再偏激，不再和外界对抗，而是了悟到"茫茫大地真干净"，跟随"僧道二人飘然登岸，消失在茫茫雪中"。其实，从太极拳学的角度看，这对于贾宝玉来说未尝不是好事情——有多少人能"登岸"呢？

体悟"空"，发挥如意金箍棒的作用，就是太极拳爱好者的渡河之舟。有一天，豁然开朗时，则太极拳学之修为中的目标（悟到空了）——"全体透空，无形无相"就可实现。

这就是太极拳爱好者的"登岸"之时。

这个目标，对于一代代太极拳爱好者来说，具有永恒的诱惑力。

那么，你的如意金箍棒，能帮助自己体悟到空吗？

第二节 内功心法·密要·精义

虽然太极拳爱好者都试图使自己内功深湛，从而实现“我命由己不由天”“延年益寿不老春”的梦想，然而，因内功心法之密要自古以来很少流传于世，所以，尽管修炼太极拳的人都知道内功这个词，也一直在追求，但对于什么是内功的本质，如何才能更好地进行内功修炼，却迷茫懵懂、语焉不详，甚至，一些太极拳名师也对之闪烁其词。

一、内功心法历来“法不传六耳”

曾听我的一位师兄讲过他向陈式太极拳泰斗李经梧学习内功心法的经历：

> 我每星期都到李经梧老师家学拳，几年后，李老师特别喜欢我，就教我练内功心法的方法，并吩咐我不要告诉别人。我回来自己练的时候，被一个也跟李老师学拳的朋友看到了，因我抹不开面子，就教给他了。有一天，我和这个朋友一起拜访李老师，结果，这个朋友不知不觉中就问起那套内功心法的问题。李经梧老师一听，马上呵斥我，让我立刻离开他家，不准再来。从此以后，我再也没有见到李老师。

我师爷叫汪永泉，他从7岁就开始跟杨式太极拳第二代传人杨健侯学练杨式太极拳老六路，由于这套拳包含着丰富的内功心法的内容，所以，他被要求保守这个秘密，传拳可以，但不能教授内功心法。魏树人老师在其《杨健侯秘传太极拳内功述真》一书中记载了这样一个故事：

1957年底，北京市武林界的知名人士聚集体委召开武协会议，会上崔秀臣、王侠林、孙剑云等皆向先师讨教杨家太极拳真功夫的真谛。当时先师毫不通融地表示不能在会上公开杨家的秘密，自此武林界朋友皆知先师珍视杨家绝艺，不肯向外界透露的刚直性情。

其实，不轻易传授内功心法的习惯，和“传拳不传功，传功不传诀”“教了徒弟，饿死师傅”“法不传六耳”等规矩有关，更和这些内功心法得之不易有关。

二、什么是内功心法

那么，什么是内功心法呢？由于太极拳来源于国学三大支柱：儒学、道学、佛学，因此，其内功心法多和这三大支柱有关。

一般来说，太极拳是太极拳架、太极功、太极道的融合体，而这里的太极架指形体动作，太极功指内功心法，太极道指道德修养。也就是说，真正的太极拳或者说太极文化应该包括以上三个方面的内容。如果只进行一方面的学练，则表明没有得到太极拳的真谛。如果只练太极拳架而没有内功心法，则只是在空描，没有深刻的神意气之内涵和功夫上身的内在体验；只有内功心法而没有拳架的变化，则生命活动就缺少了物质载体；只进行道德修养而没有拳架（阳面）和内功（阴面）的滋润，则不易达到“延年益寿不老春”等太极拳修炼的终极目的。

我们应该明了，神意气本身就是儒、道、佛三家共有的核心内涵和修道达真的修炼内容，是事理合一、理法不二、性相一体的表述。

对于太极拳来说，神意气是构成传统太极拳艺之内功的三要素，所以，如果给内功心法下一个定义的话，我们可以这样认识：心法是符合生命活动及事物发展规律的途径和训练方法，内功是通过这些途径和方法训练所积蓄而成的能量及内向性的体验。或者可以这样表示，内功是指和太极拳形体动作（阳面）互孕的神意气所积蓄的能量，而心法则是积蓄能量的策略和途径。

三、内功心法之身心调整方略

内功心法的修炼主要是对神意气形的身心锤炼，这种锤炼不是随随便便进行的，而是通过一定程序的身心调整，使精神状态（意识状态）和生理状态（形体动作）从杂念纷呈的“五马分尸”和“四分五裂”的状态，进入内心宁静（心中一静）、意识专一（专注一方）、气血通畅（气遍周身）、形体放松（松稳慢匀）的境界。如何做到这些呢？首先要明确，这是一个长期的身心修养过程：修是修正、修改、修理不符合太极拳拳理要求的身心状态，养是培养、培育、滋生出符合太极拳拳理要求的身心状态。身心修养要贯彻太极拳锻炼的始终，在这其中，身心调整是进行内功心法修炼的前提条件。内功心法之身心调整的方略至少有以下几个方面。

1. 无中生有

许多人都知道无极生太极这句话。但是，什么是无极，什么是太极呢？所谓无极者即“无”，所谓太极者即“有”，无极生太极即“无中生有”之意。这是特别符合事物发展变化的一个规律、一个法则。

此外，道家所说的“无极”也有身体的意思。身体这个无极处于寂然不动的状态就是“无”。如果这个“无”有了运动，比如，我们的心（头脑)发出指令，所谓的“心为令”——念头（意念）一动，这就是太极的动，也就是身体里边有了“有”，这个“有”是“神”（精神或者意念的发轫点）、意（意念）、气（内气和外气）的变化及运动。这就是无中生有。这个无中生有也是指太极拳爱好者通过长期的习练和体悟而产生一种特异能量、一种新生物质的过程，即太极拳老前辈所说的“身上有了东西”，或者“功夫上身了”。通过假借修真或意念造形导引这种特异物质的产生和聚积的过程也是一个无中生有的过程。

无中生有乃太极拳内功修炼的总纲。

2. 神为主宰

太极拳强调神为主宰。神是指人的精神、意念的发轫点。比如，打太极拳的过程必须做到松散通空。意念想“松散”、想“通空”、想“偏沉则随”、想“无我无为”等，都是神为主宰，也就是意念在里面起主导作用。

神为主宰，主宰谁？其中一方面就是主宰意念的运动，也就是练拳的过程中只管意念不管气。

气是被姿势催发出去的。一开始练太极拳就应以神为主宰，养成了这样的思维习惯，则“阶及神明”的境界就有达到的一天。如果不养成神为主宰的习惯，而是“形体主宰”“气为主宰”，则会“差之毫厘，谬以千里”了。

当然，神为主宰，实际上不仅仅是意念落到什么地方的问题，而是对意念活动无念、无住、无相的规律的把握。

3. 调整虚实

调整虚实的关键是分清虚实——重心所在为实。怎么调整呢？主要从两个方面努力。

（1）从形体上调整虚实。①先把两只脚的重心左右偏沉往身中调。②根据具体情况把重心放在脚掌、脚心或脚后跟，使身体前后平衡。③通过整个身体的平衡调整虚实。

（2）从意念上调整虚实。①意念往哪儿放，气就跟着往哪儿集中，这边就是实；相反的方向气少了，那边就是虚。意念所在处为实，意念不在处为虚。在锻炼的过程中应多注意这个问题。

②意念画“8”字，意念上下、左右、内外，围绕脚、膝、腰、肩，乃至围绕身体往复画“8”字或往复折叠画“∞”字，并使身体保持动态的平衡流通状态；③不同的动作，由不同的姿势和意念来互相平衡；④在运动的时候，如果有往前的力量，则意念要往后，如果有往后的力量，则意念要往前。

调整虚实，关键是偏沉则随的功夫，脚上、手上有没有虚实，往往是衡量有没有太极功夫的一个标准。

4. 圆活绵连

一般来说，圆有两个方面的意思。

第一，在动作构成上，在每个动作的运行过程中，要有圆的内容在里边。

第二，形体各个部分之间要圆。若不圆就容易僵，一僵气就停滞了，就不通了。这就是所谓的“圆空法生”。

怎样才能做到圆呢？要按照内功太极拳“腋窝像夹着个热馒头”“勒腰束气把裆撑”，松腰太极拳“动到极处找出路”“松开方圆活绵连”等要求调整好身形。

绵连不断的内涵主要有以下四点：

（1）动作的绵连。动作绵连有两方面的意思。一方面，姿势无论怎么动，在运转的过程中要绵连不断，也就是动作要均匀；另一方面，动作间的转换要绵连。

（2）气的绵连。每做一个动作，不能光想着形体，还得考虑气。

（3）意的绵连。

（4）招式和招式之间的绵连。

太极拳为了把两手的气练成，采取的主要方法是：两手一合一开的同时，想着手里边有球随之胀大和缩小，一撒手就掉了，这么连着动，意的绵连就容易养成了。

四、内功心法之秘要诀窍

千百年来，太极拳的内功心法之秘要很少形成文字，形成文字的东西永远表述不清身心的感觉和独特体验。这些感觉和体验是内向性地运用意识引起的内气催姿势的变化规律，这些规律，就是拳家们所说的内功心法。现在，我们择其要简述其中的部分内容。

1. 周身一家

周身一家是传统太极拳家最为推崇的太极境界之一。

周身一家就是时刻保持周身的整体性，不顾此失彼。任何动作有前就得有后，有左就得有右，不能光想到一个方面。如何做到周身一家呢？太极拳老前辈们留下了许多方法。

第一，身如钟鼎。要求不管坐着还是站着，意念中都有一口钟把整个身体罩起来，这样周身的气也会整起来。

第二，内三合与外三合。传统的养生法要求周身一动无不动。如何做到呢？主要的方法就是要做到内三合和外三合。内三合要求把神意气有机地结合到一起。外三合主要是用意念把肩和胯、肘和膝、手和脚连上。这样意念一连，再百会一提，感觉就不一样了。此外，做到内外三合的方法还有三圈相摞等。

第三，一身备五弓。如何做到呢？关键是用五弓之意来代替躯体。

此外，上下相随、两臂相系、欲左先右、欲右先左、欲上先下、欲下先上、欲前先后等都是为了体现周身一家。

2. 内外相合

随着功夫境界的提升，外三合和内三合有了基础，还必须做到内外相合。

如何做到内外相合呢？可以用意念造形的办法，假想自己的身体是一个大圆气球，在球内有一个水平线和垂直线相互交叉的十字，十字交叉处在圆心，好比是自己的中心点。练拳时要求的“四梢平”就是指十字横竖线的四个端要保持平衡。找平的要领是：十字的横线标志着两肩相平，保证人体不致倾斜。十字的竖线垂直在百会穴与尾闾之间，从而体现出“虚灵顶劲”和“尾闾松垂”的内涵。胸椎前侧的十字线交叉点即是身体的中心点，这是练习太极拳必须注意的关键之处。

内外相合要求把身形和内劲结合起来发挥出太极拳的特殊功能和作用。但是，这种结合是一个“借假修真”的过程，必要的时候，还要抛弃之，如是方能实现内外相合。

3. 松散通空

有的老师讲松散“就像十三层塔层层叠叠”，有的老师比喻松散“像烟灰一样松散”，而汪永泉所传杨式太极拳老六路的秘法就是练“三道气圈”。

经常进行三道气圈的训练，逐渐就会“气遍周身不稍滞”，不光能感觉到自己身上的三道气圈，甚至能感到对方的三道气圈（这还只是初级的神明）。揉手时可以运用这三道气圈，比如，用自己的气圈或者自己的意念非常快地碰对方的肩圈或者胯圈，则对方会被弹到拙力所远不能及的距离，这种推手功夫妙趣无穷，不失为功夫往更高阶段精进的一种经历。当然，我们现在练三道气圈主要还是为了养生。

如何练三道气圈呢？用“意念造形”的方法，造出一个三道气圈的形象来，等练得有了基础，自然就会有感觉。刚开始只是想象（意识导引的意识圈），然后气的因素得到强化，到最后自然而然形成“其大无外，其小无内”的弥漫圈。

4. 意念造形

以前传授太极拳，最保密的地方就是意念造形及口诀。

在修炼传统太极拳的人中，只有获得了真传的人才知道意念造形的深刻内涵——揉手中的各种内劲也都是意念造形的应用而已。这个词既是理也是法，是理法一如、理法不二的理念在内功心法修炼过程中的体现。而心法的一个很重要的内容就是系统阐述意念造形的方法和途径。例如，在学练内功太极拳的初级阶段，始终要贯彻意念造形。所谓的意念造形就是用意念制造出一个具体的形象来。比如，在揽雀尾这一式中，两臂要圈揽一只孔雀，这只孔雀并不存在，但是，我们要发挥形象思维的作用，用意念制造出一只孔雀来；两臂像抱着一个硕大的气球，这个气球也是不存在的，但是，我们要用意念制造出一个气球来；其他式子中还有大玻璃面、一杆大枪、山劈五岳（大山倒下砸着五岳了）、沙窝底、霞光、彩虹等，这些都是意念造形。

意念造形的关键是意念一定要若有若无，所谓的“有形有相皆为假，无形无相方为真”，“有意似无意，无意有真意”。

由于篇幅的限制，我只能蜻蜓点水地对内功心法之髓核做一些简单梳理，更丰富的内功心法之内涵，必须在行拳走架的过程中来贯彻、来体现。此外，除了以上总则外，内功心法还有专门的炼神、炼气、炼意的太极功训练。

我说的内功心法非内功心法，乃名内功心法。实际上，如果执着于内功心法，不打破内功心法，则是还有分别心、执着心。因此，有了内功心法之后，进一步的功夫修炼，就是要打破内功心法！

第三节　内感·内涵·规律

如今，学练太极拳的人越来越多，但是，也有相当一批太极拳爱好者练着练着就停练了。拳友们去询问，听到的回答却是：“练着练着，感觉没什么意思。”对于这样的人，许多人往往都从太极拳的健身角度来劝解，但是，对方却说：“其他的体育项目也有健身作用。”于是，只好看着自己的队伍中少了一些拳友。与此同时，有的拳友虽然还在练太极拳，但一直没有出现内在感觉，甚至连基本的健身效果也没获得。

为什么会练着练着兴味索然呢？为什么练了很多年太极拳却没有内在的体会呢？原因就是：在练太极拳的过程中，他（她）们没有体验到独属于太极拳的特殊感觉，没有找到正确的练太极拳的方法。

一、内在感觉藏在太极拳架中

对太极拳的特殊感觉，藏在太极拳的传统名称和拳架套路中。

过去，人们称太极拳为“绵拳”，称太极拳爱好者所从事的运动为“摸鱼”运动。这些称谓不怎么正规，却形象地描绘了太极拳内在里的奥秘：行功走架时要“神穆穆，貌堂堂，气象浑沦，虚录具一心”，其情其景，其内其外，或缠缠绵绵，或隐隐约约，犹如在水中摸鱼，犹如在天地之间寻找一片柔和的温馨。其实，这是在做一种若明若暗、时隐时现、恍恍惚惚的内里的运动。这种运动是把神意气形所产生的内在感觉互动为阴阳变化，而这种阴阳变化，需要在时间的积累和身心深处的揣摩中自然呈现。因为，这种微妙的内感很神奇，如果在练太极拳的过程中不能反复地默识揣摩这些内感，就不能说是一个很好的太极拳练习者，甚至会永远徘徊在太极拳门外。而没有内感的太极拳运动，老前辈们称之为“空描”，意思是说这个人内里边没有东西。

以太极会天机，以阴阳互根来演化宇宙变化之真髓，从某种意义上讲，练太极拳时的内在感觉是太极拳习练者能否真正窥测到太极奥妙，能否全面提升身心健康水平，能否步入太极拳至高境界的关键所在。

从目前的情况看，并不是所有练太极拳的人都会出现内在的感觉。这种感觉的有与无、多与少、强与弱，与习练者练太极拳的时间长短有关，与习练者是否能沉下心来研究有关，与习练者对太极拳阴（神意气）阳（形体动作）的关系是否了然于心有关。

二、内在感觉含意深远

当然，由于太极拳的博大精深及人的身心状态和知识结构的差异，体现在行拳走架的过程中，相同师传的弟子的内在感觉并不是一样的。这也是太极拳后来分为许多流派的重要原因。

一般来说，练太极拳的过程中会出现以下内在感觉：

1. 行拳走架时的动触感

太极拳虽然寓内在的修炼为行拳走架，但是，由于动中寓静的关系，只要做到心平气和，则虽动犹静，练着练着身体的相关部位就会出现相应的动触感，比如热、麻、胀、冷、动、酸、跳等佛家坐禅所说的“八触”。如果内气充足，则双足、两肾、十指尖都暖融融的，甚至冬天在室外练拳都不用戴手套。

2. 静中寓动的整体感

由于太极拳讲究开合相寓、内外相合，所以在行拳走架的过程中，会自然而然形成“其大无外，其小无内”的整体感，这种整体感是自己与天地融为一体的特殊感觉，仿佛自己的心意一动，内气与外气就融合在一起，从而催发形体产生起承转合的变化。这种变化，招招相连、式式相接、内外一如、意气不二；这种变化，和宇宙的运动相契合，和大自然的变化共起舞。

3. 起始、运行、终止、变换过程中的气感

行拳走架时，心中的一静一动，所孕育的起始、运行、终止、变换，会自然而然地节节贯穿，舒缓而动，悠而荡之，手背及小臂的毛孔蠕动可知，人体与空气的摩擦隐约可觉。此时，悠悠荡漾的内气通过劲源或匀布周身，或与外气融合；两膊相系时若气丝相连，上下相随时如有气团移动。如是，动作虽缓慢放松，但内里的力量却无坚不摧。

进入这种状态，身心内在的愉悦难以言表，方知神意气所催发的形体动作是如此美丽和高贵，内气的充盈是如此丰富和舒适。

4. 动作姿势的飘浮感、沉重感、沾粘感

动作姿势和内功心法和合而生的偏沉则随，目的是借地心引力或分别或纠缠，出现飘动感——意气飘腾，动作姿势如绸带飘舞；沉重感——骨和肉下沉；沾粘感——每一式都好像有东西在沾粘，动作姿势微微发涩。

行功走架中的内在感觉远远不止这些，有些状似电光石火，转瞬即逝，有些搜遍人间的所有词汇都难以表达。

虽然在练太极拳的过程中，很多内在感觉会自然呈现，但我们不能过多地流连于此，还要更进一步锤炼自已从繁到空，如是，则繁杂的内在感觉渐渐消失，万法自明，阴阳孕育、无形无相、无我无为的更高境界，才会在不知不觉中自然呈现。

三、内在感觉的规律

当然，内在感觉并不是飘忽不定、了无痕迹的，只要我们去细心揣摩，还是有许多规律可循的。

1. 心静

要在行拳走架的过程中多体会“心中一静”。

心不静，则意不专，意不专，则内气催姿势的感觉就出不来。如何做到“心中一静”呢？

内功太极拳提供的方法是：意想胸中有一个“十”字，动作转换的间隙，意气从“十”字的上下左右四个方向往中间集中，或“十”字逐渐缩小到无，这时意念一空，劲源的气势松散而出。这种感觉就是“心中一静”。当然，这是有为法的心中一静。

水性太极拳的内在感觉是意念贯注在流通中，水的流通、气的流通、意的流通都能有感觉，静的境界就不一样了。

圆觉太极拳，动静一如，如如不动，体现的是安详的意味。

2. 身心放松

在行拳走架的过程中要多体会放松。也就是说，要身心放松地、特别自然地练拳。老前辈们认为，太极拳是松柔的艺术，如果脱离了这个原则，就失去这门艺术的风采了。如何做到放松？最主要的就是在行拳走架的过程中“意在先，内气催姿势”：每一个形体动作都不用力，每一个形体动作都是被神意的力量催发出来的。

这种力量是一种内气和外气交融的内功。如此身心放松地进行练习，就会逐渐感觉到这种内气和外气的交融，这种内在的感觉出现了，就表明自己放松得很好了，也表明通过练拳，身体的神经灵敏度加强了。

3. 整体性

我们知道，太极拳是意气之功，这种意气之功是一种很难用语言表述的整体性。如果没有了这种整体性，就不可能达到“发人于丈外”的境界。

如何把这种整体性练出来呢？唯一的诀窍就是按太极拳拳理打拳，比如，在行拳走架的过程中，要体现开合相寓、内外相合、上下相随、欲左先右、欲上先下、阴阳互根等。

当然，这种整体性还有具体的练法，比如，在行拳的过程中做到“一身背五弓”，强化三道气圈和意念造形的训练等。

此外，这种整体性还包含着思维方式的整合，形象思维、逻辑思维、运动思维、体察思维的合一，是出现内在感觉的根本原因。因为，能体察，就代表思维的缜密度和灵明度极高，内在细微之处的任何触动、冷暖、麻胀、酸痛等，都身知、气知、意知，最高境界是神知。

4. 松腰

太极拳从整体来说，要做到神意作主宰；从躯体动作来看，要做到腰为主宰。经常进行松腰训练，可使上下之气血没有阻隔，从而能牵一发而动全身。这样，内里的感觉将会很明显，以后再进行推手、揉手训练时，两人一搭手，对方意气之轻微变化，自己就可以很清楚地感觉到。如果轻轻放松自己的腰部，则这种意气之力会贯穿到脚下，产生一种反作用力，从而把对方轻松地发出去。

5. 借能量

打太极拳不用肌腱伸缩之力，而是用沉重量、飘浮量、流通量所产生的能量。这个能量，借地心引力、借意念之力、借因缘和合之力。

能借能量，则表明身体内在里通透度好，通透度好，则必然有很多言语难以描述的内在感觉。真正的内在感觉很奇妙，舒适自然，无为无我方为真。

不过，这还是属于有为范畴，贾题韬先生认为："这些属于身体——气上的现象，主要是因心理集中而变化增加，如《瑜伽师地论》中说'由法观故，任运转色'，不需要在外境上过分着力；以免提放玩弄光影，贪图喜、乐，我执无明乘间而入，定力不但难以增进，反要退失；甚至引起魔事——精神错乱等。"

从这个意义上看，所有内在感觉，都不要去追求。

太极拳爱好者应本着"物来则显，物去则空"的原则，该练拳就练拳，该练功就练功，该工作就工作，该生活就生活，甚至该偷懒就偷懒，这样，才能真正地让内在更舒适、更自然、更无我。

总之，体味太极拳的内在感觉，既是一种技艺的探索，也是一种难得的精神享受，更是不断自我超越和放下的过程。正所谓：天地是炉鼎，身心本日月；神意为主宰，变化生妙觉；无极化太极，风光无疑阙。

第四节　修正拳架

你是否修正过太极拳？一听这话，许多人会觉得有些过分了。为什么呢？因为老祖宗所传下来的太极拳，已经历过无数先贤的“默识揣摩”，其独成科学体系的神意气形之锤炼内涵，其“延年益寿不老春”的养生保健之功效，其“四两拨千斤”之克敌制胜的技艺，其“阶及神明”的修道境界，其丰富的传统文化之底蕴，都确确实实地超乎我们的想象力，能继承下来就很不容易了，还奢谈什么“修正太极拳”?!

哦，你理解错了，我这里所说的不是让你修改太极拳，而是让你修正自己不符合太极拳理法要求的神意气形。

一、修正拳架方能练好拳架

一般来说，一个人修炼太极拳的过程可以分为五个阶段，一是学拳阶段，二是修拳阶段，三是练拳之着熟阶段，四是懂劲阶段，五是神明阶段。

这其中，前两个阶段还不是真正的练拳，还处在学习、修改规范的范畴。

但是，现在的问题是，大多数太极拳爱好者只经历了太极拳的学拳阶段就直接过渡到练拳阶段，这样，练一辈子太极拳都体会不到太极拳的真正妙处，所以，虽然学拳的人很多，但是许多人练着练着，就感觉没有滋味了，或者停练了；有的人则到处去学更多的拳架子——以学习各家各派之套路多为荣。

一个套路学完了，并不等于已经完全掌握了这套太极拳。就拿内功太极拳来说，还需要一式一式地纠正神意气形之练法，使之达到符合太极运化规律的阴阳互根的境界，这些境界并不像单纯的动作那样好理解，但是，只要我们在思维模式上有了改变，看不到摸不到的神意气就好理解了，这样，太极拳意气之功的效益就会在不经意间体现出来。

现在许多练拳者不重视修拳，学完后就自己去练，练着练着，形体动作就走了样，如是就会严重影响神意气之内功的积聚。这样，就是几十年苦功夫也练不出来功夫，甚至连基本的养生效益也展现不出来，所谓“学拳容易改拳难”就是指此。这个阶段没有做好，无疑会妨碍学练者进入更高的阶段。

二、修正拳架的四大重点

1. 过分拘谨，违反了“周身适得其中”的要求

这样练拳，虽然很认真，但是，却容易使神不明，意不灵动，气呆滞，形体不自然。如是练拳，则面部表情严肃，眼睛无神，形体僵硬，从而使太极拳之松柔艺术的称谓变了味道。

2. 练拳太刻苦，没有真正沉下心来体悟其丰富的理法

太极拳并不是简单的体操，而是底蕴丰富的文化体系，因此，我们应该以探研文化体系的要求来研究太极拳的“理法不二”“意气一如”“意在先，内气催姿势”等内涵。而这些内涵，并不是单纯的“练”就能解决的，其中的关键就是“默识揣摩”。

3. 长期养成追求外在动作是否漂亮的习惯，违背了太极拳内向性运用意识的要求

练太极拳关键要做到不事张扬，通过内在神意的调整，让内气和外气混融，从而形成阴阳互根、内外相合、以虚带实、上下相随的和谐之美、充实之美、意境之美。

4. 违背“中正安舒”的原则

拳谚称“低头猫腰，传授不高”。如果低头猫腰练拳，就会形成腰脊弓、凹胸等弊病。凹胸容易形成驼背，缩小胸腔，使横膈肌不能舒展下降，妨碍呼吸，这样就不利于血液回流到心脏。如是练拳，则起不到强身健体的基本作用。这时候，对于“身中垂直线”“尾闾如钟锤”“身如钟鼎”等要领一定要仔细揣摩。

三、修正拳架的四大原则

知道了练太极拳要修拳的道理及自身练拳中出现的一些问题，就要对照自己所学太极拳的要求，理清头绪，循序渐进地加以改正。只要坚持不懈，一定会有令人满意的结果。在修拳的过程中，要把握好以下四大原则：

1. 请明师指点

明师往往不出“名”，但是，他们确确实实能给予我们莫大的帮助。他们看你练的太极拳，并不是单纯从外在动作入手，而是从内在里看你是不是有杂念。这样，他就会告诉你练拳时“不要空描”，要“精神专一”，要“关注意点”，等等。

请明师指点，并不一定必须老师亲临指导，可反反复复地观看相关的教学光盘及书籍。笔者学习杨式太极拳老六路的时候，在修拳阶段，就反复研读魏树人老师所著《杨式太极拳术述真》一书，几乎每读一遍都有新的收获。读的时候，心里有了感觉，马上实践，就立刻产生功夫提升了的感觉。

2. 借物想象法

中国传统之太极拳非常注重形象思维，这在太极拳界称为“意识造形”“借假修真”。

比如，内功太极拳的借物想象法，在不能正确地“虚灵顶劲”时，可想象头上面有一根小细线在轻轻地上提；在做揽雀尾的动作时，可想象自己一只手揽着孔雀的尾巴，一只手托着孔雀的胸脯；做玉女穿梭的动作时，一定要想象出古人织布用的梭子等，这些内容都是以前太极拳界秘不外传的心法。经常这样体悟，由神意气构成的内功就有了力量，太极拳阴面的内容就可以逐渐地身知、心知、神知。

水性太极拳的借物想象，主要借水势、风势、火势、龙卷风、树叶、龙等来练“一动无有不动”的“流通松柔”之核。

圆觉太极拳则是思维修，类似禅宗之“父母未生我之前我在哪里”的思维修。当然，所有思维都是太极拳的形而上之基础上。

3. 推手校正

汪永泉先生不称“推手”而称“揉手”，是为了校正推手时用力不足这个问题的一种提法。不过，作为约定俗成的词汇，我们依然用推手来表述。

推手的目的不是与别人比试高低，而是提醒对方和自己，看神意气和形的运动是否符合太极拳理。如果正确了，打出了太极劲，就会发出超乎我们想象力的力量，比如“发人于丈外”等。

推手是“门内”的训练，校正自己腰、胯、膝是否松开，松不开，就化不开对方之力。推手是为了校正自己用力拨、拉、拽、推、搡的习惯，形成不拨、不拉、不拽、不推、不搡、不烦、不躁、不顶等符合太极拳理的身法、功力等。

其实，推手并不复杂，只是许多人给自己设置了意识屏障，如果不突破这个意识屏障，那么太极拳的内在东西就永远得不到。

一般认为，推手是检验太极拳练得如何的最好方式，但是这需要有一个真正对推手有研究的老师做陪练。

4. 时间锤炼法

以前老师传授太极拳时，一次并不教许多内容，有时候一个式子竟然让你练一个季度，然后才学下一个，所以，那时候的人真就能练出功夫来。

当然，现代社会不可能像以前那样传授太极拳了，所以，当我们把全套学会了之后，一定要让自己进入用时间之法来锤炼太极拳的阶段。

有句谚语说练太极拳“一遍不忘两遍熟，三遍四遍长功夫”，这话很有道理，但也要具体分析。时间少者，每天练一两遍，若长期坚持，也能有一定效果。体弱者，想用太极拳健身者，则需视自身的体质逐渐增加练习的次数。

笔者学练和推广的内功太极拳，其特点是以找舒服为练拳关窍，所以，对练一遍拳的时间并没有硬性规定，一般来说，按照神意气形的要求，舒舒服服地练一遍比神情紧张地练十遍的效果要好。以养生为目的者，一般每天练习一个小时左右即可。以研究太极拳为目的者，最好能每天练两三个小时，如能坚持三年以上，功夫自然上身。当然，关键的关键，还是每次练拳时能不能进入太极拳那种特殊的神意气和形体之阴阳互根的状态。

实际上，学练太极拳更重要的方式是：“拳打百遍动作熟练，拳打千遍其意自现。”这个过程，亦是不断修正太极拳的过程。

需要说明的是，太极拳修拳是一个长时间的持续过程，一般来说，在进入懂劲阶段以后，还要修拳，只是这个阶段的修拳，更着眼于修正“神意”，这样，才能真正进入“阶及神明”的境界。

汪永泉老师传承的杨式太极拳老六路的功夫进程共分三层，俗称“三层功夫进程”，现披露如下，以供我们修拳时借鉴参考。

初级阶段（从无到有）：第一进程，掌握形体基本要求；第二进程，粗知招中有术、术从招出；第三进程，初识内功理法。

中级阶段（从有到繁）：第一进程，体验神意气；第二进程，会运用心劲；第三进程，奥妙自然出现。

高级阶段（从繁到空）：第一进程，万法自明；第二进程，阴阳孕育；第三进程，无形无相、无我无为。

第五节　太极拳的十六种练法

太极拳爱好者大都听过“太极十年不出门”的说法，于是，很多人以为练太极拳必须十年才能练出功夫，或者，必须练十年才能取得好的效果。其实不然，只要找到正确的途径，十年的时间，至少可以使太极拳爱好者在太极领域有大的成就了，而普通人一两个月、几个月或者一两年就能取得祛病延年、强身健体的效果。这其中的关键，就是必须打破仅仅按程序（名称顺序）练套路——俗称盘架子的习惯，因为，按部就班地一个式子一个式子练下来，只能取得活动活动筋骨、促进一下血液循环的作用，更大的效益则不易产生。

有多少耕耘就有多少收获，这话放在太极拳功夫的锤炼上不一定正确，因为，拘谨死板、照猫画虎、缺少悟性地傻练，反而可能成为练太极拳的障碍。

真正的太极拳习练者，一定要把太极拳练出花样、练出情趣、练出品质、练出智慧来，只有这样，才能练一遍有一遍的收获，练一万遍有一万遍的感觉，太极拳给予的回报才会超乎想象。

太极拳是内求人体本具功能的智慧，所以，反求诸已（现代人称之为内向性思维、内求法）就显得特别重要，这是太极拳与外家拳最根本的区别，亦是获得太极拳真谛最重要的途径。

笔者有一位忘年交，他根据师传和自己的练拳体验，对传统太极拳的多种练法进行了划分，形成了定式、原地式、联动式

（动式）、默练、单手练、无手练、松肩练、垂肘练、松腰练等多种练法。还有一个老前辈，把太极拳的八种劲——掤、捋、挤、按、采、挒、肘、靠，按照两年锤炼一种劲的途径进行反复锤炼，比如，第一个两年中，整套拳都按“掤劲”打，然后，第二个两年整套拳则按“捋劲”打，依次地，每种劲都集中练两年。这些方法读者都可以参考采用。

笔者根据王壮弘老师的口传心授以及自身的感悟，把太极拳分成三大境界：内功太极拳境界、水性太极拳境界、圆觉太极拳境界。这三个境界的练法是不同的，并且依次递进。也就是说，如果流连于某种练法，则不易进入更高境界的练法。太极拳的多种练法，是太极拳过河扔筏、得鱼忘筌思想的生动体现。

一、内功太极拳的六种练法

1. 专注一方练法

要懂得意在先、内气催姿势的规律，把杂念、妄念排除掉，练每一个式子，均按照神、意、气、形的整体要求，把动作和内功心法（阴和阳的互动）自动自发地酝酿出来、演绎出来。在此阶段，主要是初识太极拳的真意，明了动作要领和行拳心法，养成以意领气、以气导形的练拳习惯。

2. 球体练法

想象周身内外是一个气球，每一个式子的动与静、隐与显，都是气球位置的移动。动的过程，一定要实现“外三合、内三合”。这其中，外三合比较好理解，比如，动手的时候想一下脚，动肘的时候想一下膝，动肩的时候想一下胯。内三合对初学者来说不好理解，不过，如果把动作姿势的转换理解为气球的平转、立转、碾转、漂浮转、大小膨胀转等，或许对掌握内三合有帮助。

3. 开合练法

在每个式子构成因素的细微转换处、式子和式子之间的更迭处，要特别注意姿势、思维、眼神的回收。收的过程中，一定要整体地关注一下身体里面（不要关注得特别清晰，要若有若无），身体里面要空空荡荡。向内收敛在太极拳中是合，而动作、思维、眼神向外，则属于开。其实，“开合出入聚散化”是人体生命新陈代谢的根本规律，所以，太极拳中讲开合练法也就是理所当然的了。

4. 劲源上手练法

劲源上手，主要是想象手上有一个“十字架”，十字的交叉点在中指跟的凹部。如何练呢？就是在每一个动作的起承转换中，手上的“十字架”要随着招式招法的起承转换而体现前、后、上、下、斜前、斜后、斜上、斜下的运动态势。在这个过程中，动作还必须按照拳架的要求做。

5. 松腰练法

松腰就是始终要做到气沉丹田——在形体动作的变换处，有意识地让命门后突，或者想象命门处向后放松，这就是内功太极拳所称的“腰意塞”。松腰在太极拳中有单独的训练方法，比如可以通过上下蹲起、八卦走转、直腿坐、转腰、站桩等方法进行专项训练（笔者专门创编了太极松腰筑基八法、太极松腰乾坤手九式等），而训练的效果，则必须通过盘拳走架来体现（笔者串编出松腰太极拳二十二式）。

6. 雾气弥漫练法

雾气弥漫于天地之间，催动每一个姿势都如雾气腾飘沉转，如无实物一般，这样，太极拳的轻飘灵动就出来了。更重要的是，道家功夫的不传之秘就体现于此。

在演练内功太极拳套路（拳架子）的过程中，可叠加着以上练法进行训练。

松腰太极拳招式之一：如封似闭

二、水性太极拳的六种练法

水性太极拳目前练的人不多，不过，其内在的境界则代表着最具有中华传统文化韵味和国学智慧的太极拳的发展方向，现择要简述一下。

1. 水性（海浪）练法

前文讲过，太极拳从相上说，亦名长拳。拳论上说："长拳者，如长江大海（河），滔滔不绝也。"练太极拳如果想要真正有所突破，就必须摆脱在世间法上打转转的练法，努力让身体变成水。这也是笔者老师王壮弘先生把他所创编的太极拳命名为水性太极拳的含义所在。水性就是必须像水一样随物赋形、随势而动，每招每式都要实现把僵体、固体变成流体的要求。这个过程最为痛苦，所用时间也最长。

2. 点线面体练法

很多人都知道，自然生息律（太极演化规律）是一生二、二生三、三生五、五生八，在太极拳演练过程中，此种练法就是每个动作姿势都要体现出点（一生二）、线（二生三）、面（三生五）、体（五生八）来。动作姿势中能否贯彻这些内涵，则是衡量太极拳能否实现“上善若水”的重要标志，也是通达水性练法的必由之路。

3. 阴阳练法

左右手和身法在内在意念的调动下，呈现出相互孕育、相互促进、相互滋长、相互借势、相互激荡的模式来，这样，动作姿势自然会呈现不同的况味，仿佛原本的一套拳架，变成了另一套拳架。采用这样的练法，练一遍有一遍的模样，所谓的“拳打万遍，遍遍不同”。

4. 沉重量、飘浮量练法

太极拳也讲究“戒、定、慧”。这其中的“戒”就是戒用力。但是，在日常生活中，很多人已养成了用力的习惯。如何实现不用力呢？练拳的时候，最好能按照地心引力的原则练拳，每个动作都和地心引力有关，这就是沉重量了，而沉重量一出来，则飘浮量也能实现。这个练法的总原则是让身体成为不倒翁，也就是拳论中所述的“偏沉则随”。

5. 风性、火性、土性练法

在练拳的过程中，想象自身有风的流动性、火的升腾性、土的厚重性，这样的练法，要求多观察大自然，把大自然的风、火、土承载物放置于自身的太极拳功夫锤炼上。比如，风吹树叶、火的燃烧、土的厚重等都可以变成拳架动作的楷模。

6. 翻动、扶摇、羊角练法

在庄子的《逍遥游》中，翻动、扶摇、羊角是形容大风、飓风、台风的。翻动为上下沉浮，扶摇为左右飘荡，羊角为大小螺旋。这三种练法，可在身体松开的基础上依次展现在拳架中。

水性太极拳亦是入门拳，以上练法逐渐抵达后，则可进一步锤炼太极拳的有无境界、无为境界了，这些境界，我们用一个名字来命名——圆觉太极拳（亦可称为神明太极拳、如是太极拳、禅修太极拳、智慧太极拳），总之，是打破名相分别的境界了。

三、圆觉太极拳的四种练法

中国传统文化内涵亦可成为太极拳多种练法的重要组成部分。这部分练法，是把文和武（武拳文练）、龙和凤（中国精神的象征）、河图和洛书等阴与阳的精髓，儒释道、天地人、精气神等含三为一的整体精神混化成太极拳神明境界的多种练法。

1. 四大皆空练法

四肢百骸象征着土，血液和体液象征着水，呼吸之气、营卫之气象征着风，思维意识象征着火。练拳的时候，要“应将有相能无相”“见相非相”——身体里虽有四大，但是，却不能强调之、流连之，要“有化为无”。练拳架的时候，水（流体）载土（形体）借火势（意）升腾再借风势（无为无不为），形成飘飘荡荡、沉沉浮浮、似行云流水、似风吹万物的无住、无根、无量、无向的气质。

2. 驾虚摩空练法

“驾虚即根身凌驾、融化于虚空之中，摩空即用六根触摸感受空而不空并与空相摩相荡。”虚空并不是无，而是充满生机和活力的客观存在，虚空生发万物、包容万物、滋养万物。此种练法，拳架和精神境界要实现“形断气不断，气断意不断，意断神还连”。

3. 乘幽控寂练法

“乘幽即心识入于灵明虚静、空中深邃之幽境，控寂即心安住于寂静无为，如如不动。”此时，由水性太极拳入门，终于抵达了“神明”境界。此时太极拳的练法则主要是“静定功夫”携手“智慧之光”的锤炼了——心之内外如如不动，“千江有水千江月，万里无云万里天”，无为、无我、无中之中的练法已经很难用语言表述了。

4. 常乐我净练法

动静一如，如如不动。常，经常；乐，由内而外透着喜悦；我，自性；净，无上清凉。不仅要在打拳中保持，日常生活中也如是。

实际上，圆觉太极拳的四种练法均是一个练法，即太极拳的十三总势——掤、捋、挤、按、采、挒、肘、靠、进、退、顾、盼、定能体现在太极拳的一个动作姿势中，达到“拳无拳，意无意，无意之中有真意”的“其大无外，其小无内”的境界。

以上三个境界十六种练法，很多人没有听说过，然而，这确实是成为太极拳高手所必须经历的练拳途径。这样的途径，不是每个人都能体验到的（必须有老师反复启迪和熏修），然而，作为太极拳学练者努力的方向，则应该知晓。由是观之，太极拳作为中华文化的瑰宝，其丰富的内涵，需要有识之士来深研之。

第六节　十二字“秘诀”

有十二个字，言简意赅，透彻明了，道破了中华传统修身学问和武学功夫的重要关窍，尽管当代人几乎都知道这十二个字，但大多数人都不理解其中的真义，更谈不上身体力行、如法修持了。

一、十二字秘诀

这十二个字就是：坐如钟，立如松，行如风，卧如弓。

这十二个字，既是理念，亦是方法；既是身心状态在日常生活中的体现，亦是功夫境界自然而然的流露。

佛家、道家、儒家等中华传统文化的修身之道，亦以这十二个字为行为规范，并通过这十二个字来强健身体、宁静心神、开启智能。

但是，各家及武学门派对这十二个字的内在要求各不相同。这里简述少林拳、佛学及八卦掌对这十二个字的认识，并重点阐述如何把这十二个字落实在太极拳的基础训练中。

对少林武僧来说，这十二个字不仅对提高武功很有帮助，而且对健身来说意义重大。白云峰先生对这十二个字进行过浅析："坐如钟——钟放于桌案之上，堂堂正正，不偏不倚。人坐如钟之挺直躯干……能顺利完成其推动血液循环的功能……少年儿童，坐如钟能避免躯干畸形。""立如松——立松之姿，挺拔俊俏。""行如风——人行走如风，谓人行走疾速，反应灵敏……能培养人朝气蓬勃的精神气质。""卧如弓——卧者，睡眠之谓也，如弓者，如弓之弯曲也，一般屈膝侧卧睡眠即可。"

佛家特别讲究行立坐卧四威仪。他们认为：坐如钟——身心安稳不动，犹如大钟，勿前倾、后仰或左右歪斜。立如松——头颈不偏不倚，身躯挺直，安稳而立，犹如苍松，不可轻率、歪斜或抖动。行如风——行进时，两眼平视，不左窥右瞄，不向外攀缘；移步时，勿踏虫蚁，勿仓仓皇皇，或令鞋履拖拉出声。卧如弓——为调摄身心，若睡眠时，当右胁而卧，以右手曲肱为枕，左手平舒于腿，双腿微弓，两足相叠，名为吉祥卧，亦名狮子卧法。右胁而卧，于诸卧姿中，最为有益，能令身得安稳，心不动乱。

八卦掌第五代门生铁恩方先生在讲授中华传统修身之道时，曾手书这十二个字给笔者，并各用四个字来解释："坐如钟——沉着稳定；立如松——高尚正直；行如风——步履松舒；卧如弓——凝静虚无。”

二、太极拳十二字秘诀之精髓

太极拳的基础训练也必须本着这十二个字来进行，日久天长，不仅对身体健康大有益处，而且能有效缓解心理上的压力。

1. 坐如钟——沉稳的气度

这里要特别说明，坐如钟，在太极拳中不仅指定势和坐姿，还包括身体要像坐在一个长条椅子上，“坐着练拳”。

如何“坐着练拳”？就是在盘拳走架的过程中，“身如钟鼎”，一举手，一投足，周身上下恰似寺院中悬吊的大钟，浑厚、沉稳而又浑然一体，“钟顶即肩部，钟顶以下五分之四处为腰部，钟口即胯部。肩、腰、胯的动转要像套在大钟上一样一动全动，一停全停。身内即是钟内，躯干不能任意扭斜摇晃”。这样天长日久地练拳，周身内外可逐渐浑然一体。

“坐着练拳”也是一个过程，经历了这个过程之后，浑厚之重、灵明之轻会出来，很多功夫就混到一起了。这时，太极拳周身一家、上下相随、内外相合、动静一如的要求就会自然而然地体现出来。

坐如钟，充实之美也。

2. 立如松——顶天立地的风范

这是正确的站姿，依然不用力，依然要松散。

松不仅可减少生命力的消耗，而且能缓解身心紧张对血管所造成的压迫，易于血液的周流敷布；散，可以使身体各组织器官的功能得到强化，血液濡养的功能得到体现。松散不是空瘪。空瘪，是太极拳行拳走架中最忌讳的，太极拳前辈称这种空瘪状态为“内在里没有东西”，是一种“空描”（借用练书法的语言来表述），乃内在里不充实、不饱满，精神没有集中起来的表征，更进一步说，就是在行拳走架的过程中，缺少“浩然正气”的充溢。

如何做到立如松呢？太极拳的专项训练是无极桩，在盘拳走架的很多细节和内在的状态中，则必须通过“周身被天地间的浩然正气所贯通”“三关竖立”等身心的功夫来体现。

3. 行如风——松的境界

在太极拳行拳走架的过程中，心法动作的起始、运行、终止、变换，要像微风吹动树叶一般松散，树叶随风而轻摇，柔和舒适。

在太极拳中，“迈步如猫”的说法乃取其蓬松之步态。笔者在教太极拳的过程中，一般都要求学员练八卦走转，因为这是练松散的一个很好的方法。练习日久，可帮助形成正确的行拳走架结构。

松，首先精神要放松，不能紧张拘谨；松，就是皮、肉、筋、脉、骨、膜、关节、内脏等都处在松散透空、不着于形的状态，但这种状态却不能松松垮垮，而是“松而不懈”。如何理解？多观察小孩走路的那种骨弱筋柔的天真活泼的状态就可领悟。

4. 卧如弓——灵明在躬

卧如弓有两层含义：第一层，指睡觉时的合理姿势；第二层，指练太极拳时的身心状态。

第一层含义：睡觉时腿弯曲，合身而卧，仿佛一柄弯弓。具体姿势前文已述。卧如弓是人从太极阴阳状态回归无极状态的一种休息术。

第二层含义：卧如弓，并不单指形体的睡姿，还指练太极拳时恰到好处的盘拳状态，是一种灵明在弓、不昏沉、箭在弓上、宁心定气、精神专一、不偏不倚的精神气质，亦即古德所云：“身要放松，不得随便；心要专注，不得紧张。”此外，还有“一身备五弓”的意思在里边。

三、十二字秘诀的效用

在日常生活和练太极拳的过程中，认真用这十二个字的要旨来调整自己的身心状态，可获得至少五个方面的效用。

其一，使自己从不练拳的状态进入练拳的状态，从“人心状态进入道心状态”，逐渐形成“行立坐卧，不离太极”的生活方式。

其二，促进人体内的气血沿着正确的轨道运行，并能畅通无阻，实现《太极拳论》中所说的“气遍周身不稍滞”。古人说的“气随庄（姿势）动”亦是这个意思。不仅如此，通过身心两个方面对这十二个字进行“默识揣摩”，可让练太极拳者养成体态健康和精神宁静、松散透空的习惯，从而使人呈现气宇轩昂、不卑不亢的恢宏气度。

其三，用这十二个字来调整自己的精神和形体威仪，可逐渐获得孟子所说的“由内而达外”的“充实之美”。

其四，可起到收摄心神的作用。在盘拳走架的过程中体现松稳慢匀的行拳要旨，动作不僵滞，如行云流水，安然自得。在日常生活中，对外界的干扰可做到“视而不见，听而不闻”，从而专心致志地做自己的事情。

其五，神意对形体的控制更灵活、更敏锐、更有效、更自如。由于筋脉通利，气血和畅，五脏混融平和，浩然正气充溢，故稍有外邪风寒侵袭，自己就会有所感知，身体内的免疫系统也会自动启动，将外邪“涤除”。此谓“上医治未病”“正气存内，邪不可干”在练太极拳之人身上的体现，也是前辈所说“功夫上身”的内涵之一。

总之，“坐如钟，立如松，行如风，卧如弓”这十二字对练太极拳者来说非常重要，理解之并在练拳的过程中体现出来，就会实现《管子》所说的“正形摄德，天仁地义，则淫然而自至”，亦可逐渐抵达古圣先贤所提出的人生修养之终极目标：

“精气神无形之物也，筋骨肉有形之身也，必先练有形者为无形之佐，培无形者为有形之辅。”

“言，隽永无华去俗言；行，洒脱平行远离俗行；气，气度恢宏豁达避免俗气；意，高旷幽远万勿低下；神，灵明圆融不可呆滞……”

“度量如海涵春育，应接如流水行云。操存如白日青天，威仪如凤文麟趾。言语如敲金戛石，持身如玉洁冰清。怀抱如霁月光风，节概如泰山乔岳。”

第六章 神意气为一体

第一节　神：内功的质量梯度

一、龙是什么

龙游九州，龙飞于天，“能幽、能明、能细、能巨、能短、能长。春分而登天，秋分而潜渊”（《说文解字》）。龙乃和合之象，“龙有九似之说，角似鹿、头似骆、眼似兔、项似蛇、腹似蜃、鳞似鲤、爪似鹰、掌似虎、耳似牛是也”（《尔雅·翼》）。

龙既在又不在。在，是因为我们经常说起龙，甚至诸多不容易做到的事情，龙都能做到；不在，是因为千百年来，人们一直试图寻找龙，却遍寻不得。

这就对了，因为，龙是中国人的象征，龙是智慧的一种高级存在状态，一种智慧心的显现。

龙是无的，龙是有的，龙既有又无。龙是神。何谓神？“阴阳不测之谓神”。神龙，乃说不清楚的一种境界。智慧的状态和修为，不容易说清楚，因此，有智慧的人，“其犹龙也”。

龙之性：变、不变、变和不变。

龙意味着变化，因为，龙爱变化。龙同时意味着不变，因为，龙其实千百万年来从来没有变过。

龙之变，可上天入地，可沉浮起落，可大可小，可呼风唤雨，可隐显自在。这是龙之变。

龙之不变，不变的是其通达无碍、伸缩圆研、神意灵明、和合机缘、空无无影的性。

变者，乃龙之相；不变，乃龙之性。因此，认识龙、了解龙、喜欢龙乃中国人天生的遗传特点，关键是能否把握龙变与不变之间的联系。

龙就是《易经》之全部内涵的写照——变易、不易、交易。

龙乃中国之禅，流传数千年、上万年的真正的中国禅。后来印度之佛学传入中国，它之所以能流行起来，是因为中国有龙文化，是因为中国人乃是龙的传人，本身有禅的精神在流布。

变，就是随物赋形，随心所欲，上善若水。

不变，就是核心处空，不增不减，自家灵山起妙有。

变和不变，转机、心机、时机的把握和奥妙，其中有交流、交换、交易。

龙乃太极，以神来锤炼。

由是观之，龙之性，乃事物成功之性，乃万事万有核心、发轫也。

龙乃太极。太极就是“阴阳不测之谓神”，因此，练好太极拳，必须“神作主宰”。

理解神，必须依据龙之性来理解。

龙性本空，空才能隐显自在，变化万千，因此，我们学练太极拳，必须先炼神。

炼神，就必须了解神的特性：神主虚，主明，主空，主灵。

主虚，就是头里边不要有妄念、杂念，这样，念头就不会干扰人的灵明之性。灵明之性，就是神，就是龙。

主明，就是无分别心，无颠倒梦想，无胜负之心，如是方能清澈透明，才能化解纠纷和矛盾。明就是照彻而无忧，明就是日月同辉、无所不显。

主空，就是头里边始终空空荡荡，坦坦荡荡。如虚空，本具之能再生；如太极拳的招式招法，不着相，见相破相，也不沉湎于内功心法，既有心法而又无心法。

主灵，就是头里面、思维层面、精神状态，不呆板，不僵滞，不拘谨，不预想，不后悔，有担当而不固执，懂得坚持和变通的平衡。

虚、明、空、灵，此乃练太极拳的根本也。得此四个字，乃神龙也。

二、炼神法门

清静无为，乃炼神之无上法门。

无我无为，乃炼神之本根修为。

无住、无念、无相，乃炼神的心要。

心要，心之要领。只是如此这般，初学者无从下手，因此，真正的太极拳的智慧，从根上来说，是“无门可入”的。

无门，亦可入。因此，太极拳是有门和无门。

太极拳的诸多门派都是门。只是这些门中，有很多是假门、死门。碰到这样的门，即使学练太极拳数十年，亦无门可入。

可入之门，乃“炼神还虚”的功夫。

试一试太极拳的炼神法门。

很简单，练太极拳的无极桩，也是太极拳起势前的酝酿、发轫。

无极桩基本的动作姿势调整好之后，心里面默念“虚音”二字。

开始的时候，微微发出音来，逐渐地，声音越来越小，好像只有口腔里面的气流在动，微微地似有非有地发这个“虚音”，乃至“无音”。

“无音”之“有音”，古人称之“神诵”，用精神和微微的似有非有的声音来发音。这个音，自己好像听到，又好像没有听到，好像发出来，又好像没有发出来。

这样，就会在有意无意之间进入宁静安详的状态，此时，精神安定，神虚而明，神虚而空，神虚而灵。

不知道什么时候，头里面一动，就开始演练太极拳了。

三、龙之相：变化万千

太极拳的动作招法，要想象着如神龙游空一般，变化万千。

神就是精神假借，以理作意，模拟想象——想象每一个动作（动作还未出来之前想象）都是龙在动——动作姿势往上，就是龙腾，带起龙卷风；动作姿势往下，就是龙潜，裹挟着雷电；动作姿势往前，就是龙出水，巨浪滔天；动作姿势回收，就是龙藏于渊，收敛气势静无声；动作姿势快，则龙威摧枯拉朽，呼风唤雨；动作姿势慢，则龙悠闲安适，逍遥自在……

动作姿势，一定要体现出多种特质来——轻而重，松而柔，无力而有力（精神的力量），并依据揽雀尾、白鹤亮翅等展开，渐次体现沉浮升降、自转公转、折叠往复、圆转圆融、流畅无碍、驾虚摩空等内涵。

此为太极之相，亦是龙之相。

龙之相，才是太极拳动作招法的要领。

太极拳的龙之相，即所有的动作姿势（招式招法），都是在炼神还虚的基石上，以神之无为（心为令，必须不偏不倚，不争先不为后才行）而呈现意之萌动（意为帅，意念的指令要灵明，要意发即空，要有意若无意），进而调动内外之气催发出来的，亦混融内外之气（混元气），这样，才能饱满充实；所有的拳架节奏和动作转换，都要有流通，内气潜行在四肢百骸、奇经八脉[①]中，无滞无碍，“气遍身躯不稍滞”。

这样，一套拳，就是一招，就是一势（一气贯穿）。

这样，才算是进入了太极境界。

这样，才是龙的传人。

习太极拳者，要争取成为体现龙的精神的中国人。

第二节　意：内功的信息导向

某日，一位太极拳爱好者和别人较量失败了，回来问老师。老师听后，想了想说，你再和这个人较量的时候，用意念和他连上。于是，这个太极拳爱好者和对方再次较量时，用意念一连，感觉对方的动作好像放缓了许多，最后取得了胜利。

意念对于很多人来说，是一个玄妙的词汇，然而，对于学者来说，这却是人这个“类”最终认识自身所必需的。马克思说：意识、意念本身是一种客观存在。2012年第6期的《科学世界》杂志就对国内外有关意识的研究成果作了封面主题报道，总的主题就是：意念，无形亦有形。2012年5月，香港特区政府证实，香港中文大学研制出一个“脑机接口”系统，可以将脑电波转换

① 奇经八脉是人体经络走向的一个类别，是督脉、任脉、冲脉、带脉、阴腧（shù）脉、阳腧脉、阴蹻（qiāo）脉、阳蹻脉的总称。它们与十二正经不同，既不直属脏腑，又无表里配合关系，“别道奇行”，故称“奇经”。

成繁体中文字。而在德国，科学家已经成功地将脑电波转换成信号，来控制汽车的行动路线。也许不久的将来，更多科学研究成果会证明中国太极拳所讲究的意念、意识活动等是多么的正确和超前啊。所以，一定要好好地修炼太极拳，把这个以神意为主宰的功夫练出来。

杨式太极拳创始人杨禄禅被誉为“杨无敌”。他说，有三种人打不了——木头人、铁人、石头人，余者不在话下。为什么他要这样说呢？并不是他自大狂妄，不懂得“人外有人，天外有天”，而是因为普通人，凡是争强好胜的人，都有杂念、妄念、好胜心，而这些人的意念往往不纯，没有力量，因此，用太极拳的有意若无意的意领气随、意囊括气的功夫可以战胜他。这句话的真意，其实还是指太极拳的意念功夫带动气催动形体产生的作用。

那么，太极拳的意念活动和普通人的意念活动有什么区别呢？普通人的意念活动是杂乱无序的，和功夫修持没有关系；太极拳的意念活动，则是主动的、灵明的、专一心念的、有力量的，可以调动内外之气，和形体产生互动变化。可以说，如果没有了意念的功夫，那么太极拳和其他以力、以动作姿势、以技巧为主的体育运动或者武术拳种就没有什么区别了。正是因为将意念主动性融入拳架、拳功、拳道，太极拳才别开生面，体现出人的尊严和伟大。

清代养生著作《唱道真言》对意念在整个功夫修炼过程中的重要性作了如下描述：“泛意非意也，游思妄想也，意者，的的确确，从心所发。意发而心复空，故又曰有意若无意。意之为用大矣哉！初时阳生，意也。既生之后，采取元阳，意也。既采之后，交会神房，意也。既会之后，送入黄庭，意也。意之为用大矣哉！不特此也，阳神之出，意也。既出之后，凭虚御风，意也。游乎帝乡，返乎神室，意也。”

既然这样重要，那我们就必须深入地认识意念、意识、意。

那么，意念运用于太极拳上，有什么样的特点呢？

一、以理作意，意在形先

首先，要明白太极拳架是古圣先贤“道法自然”“象形取意”而创造的身心修养智慧，是把大自然的物象内化成借假修真的修炼模式，从而达到优化生命的目的。明白了这个道理，我们就可以“执古之道，以御今之有”，这个“有”就是把日月星辰、大地山河、风雨雷电、龙马龟蛇、虎熊鹿兔、雀雁鹰鹤、鸡犬鸭鹅、树木花草等大自然的事物内化成拳架内涵，日久天长，就自然具备了内外混化的太极功夫——大自然处处有龙象，时时在说法。太极拳为什么讲究意在先？因为只有实现了这个先，才是内动——内里的运动，才可濡养身体这个“有”。

为了实现意在形先，必须先练心性太极内功筑基拳，如此，才能养成习惯。初学筑基，不能仅仅去学招式招法，而是哪怕学得慢，也要先掌握意的规律和法则，掌握之，就能以理作意了，在未来，则会日日精进，事半功倍地获得太极拳的效益。

老前辈讲：太极拳的招式，是描绘意的。因此，自我评析太极拳打得好不好，关键的关键，是要做到动作招式由意念引领而出、而变化。

二、意念造形，气催姿势

由于意之本体为神，而神的特性乃“阴阳不测”，因此，只有“炼神导气”，返观自性，方可“阶及神明”，登堂入奥。既然“神”不好揣度、不好把握，那么入手的功夫就只能是“意”了。意调和神和气，所以，意之修炼，至为重要。意到气到，气到养神。神有气的养育，则灵明。

由于意无形无相，虚无渺茫，不好理解，所以，老前辈慈悲为怀，创造了全世界独一无二的“意念造形”——仿效大自然的事物，制造出相应的形象思维，带动气产生律动，催动形体运动。如果实现之，则可根据所学太极拳的每招每式的名称进行意念想象，通过意念活动，制造出具体的物象来，比如揽雀尾、白鹤亮翅、白蛇吐信、小七星锤、抱虎归山等，需要特别说明的是，在我们所传授的内功太极拳中，前辈已经于细微处编出这个“意”之运用法则了，这个法则，就是内功心法——意念造形的实质，就是由心生出的方法。

此外，意念制造出这些物象，从根本上来说，不在其外在的形象，而在物象的特征、本性。古人说，写诗要“功夫在诗外”，而练太极拳更要在拳外，拳外如何下功夫？悟大自然之事物的理，归拢其性，表达其意，如是揣摩，则必然有一天会豁然贯通太极拳的真意。

意念造形，决定着动作姿势、招法技艺的生发、生机、充实等内功修为。气，是内外之气的混融。如何混融？必须意到。意到，则气之混融运动会催发出动作姿势。意念造形不同，则动作姿势也不同。

三、意发即空，空而不空

杨式内功太极拳大家汪永泉先生反复强调：发落点对即成功。这是告诉后学者，太极拳的意念活动，在开始阶段，可通过模拟、想象的办法，在身体外凝聚出气态的点（迷茫之点、虚拟之点、想象之点、观想之点），进而发放之、移动之、和虚空混融之。这个点，是凭空凝聚、隐显的。虽然一般人的肉眼并不能看到它的客观存在，但日久天长，凭空运动的意念之点可产生一定的作用，使得自身带动、调动内外之气的能力提升，催动形体的能力强化，运拳走架，自然协调。

不过，一定要注意，意念发出来，马上要空掉，不要留恋，否则，就会僵滞，不灵动。这个意和练拳密切相关，为太极拳谱中所说的“专注一方”。这个意发而空了，在空中并不是没有了，而是成刹那间的混沌状态，成块然独处的朦胧状，等待新的意念之生发，从而酝酿出新的走向。空而不空，虚空法身和灵觉化身、报身，此时是一体的。

意发即空，空而不空，不空亦空，乃为真空妙有。

空中什么都没有，然而，因为意识的生灭聚散，则一定会有所不同。尤其对于太极拳习练者来说，应作如是观。

四、意虚灵明，圆满无碍

我们所称的心性太极拳体系，是由心性太极内功筑基拳、松腰太极拳和水性七善拳、圆觉太极拳三大次第组成的，而贯穿始终的，是意的修炼。意的修炼，是为了抵达“有意若无意，无意之中有真意”的境界。

真意，就是《伍柳仙宗》所云：“故真意即虚无中之正觉，所谓相知之微意是也。”通过在非常安静、非常虚明的状态下行拳走架，可以真切地感受到意识状态的那部分功能就是真意。

真意，才是太极拳所说的意。

真意，一般要经历有意、淡化意、无意、真意四个阶段，才能逐渐养成习惯。真意，就是“驾虚摩空，乘幽控寂”，这是从练太极拳学练之始就要反复揣摩的练法。驾驭着意，摩擦于空中；乘载着意这个幽冥[1]之君，注于、遨游于意之本体的空寂中。

---

① 语出《淮南子·说山训》：“视之无形，听之无声，谓之幽冥。幽冥者，所以喻道而非道也。”

真意，才能让太极拳的动作姿势实现一动无有不动，才能在太极拳演练过程中，内里显得充实沉稳，外在显得飘逸轻灵、内外一如；行如行云流水，静如山岳松柏，动静一如。空、圆、转，净、寂、虚，如是如来，圆觉无碍。

意的修炼有了功夫，不仅仅是身心的改变，而且由此可以领悟儒家所说的“主人翁惺惺否”，道家的“意所到，皆可为”，佛家的“非想非非想”等极其细微处。此时，我们的人生才能说是圆满无碍的。

第三节　气：内功的物质能量

毫无疑问，练太极拳必须练内功，否则就不能称为太极拳。理论上讲，所有太极拳都应该练内功。遗憾的是，目前绝大多数流行的太极拳没有练内功的内涵，因此，有必要单独提出练内功的问题。

什么叫内功？向内在里求的功夫才叫内功。内求什么？内求人体本具之能。这个本具之能，人人具备，可惜的是，由于妄想分别以及参照系的关系，这个本具之能只能散在人体中，成为待开发的宝藏。如果不知道其机理，或不去练向内求本具的太极拳，这个宝藏可能永远开发不出来。

开发这个宝藏，需要太极拳来大显身手。心性太极拳借用来自杨氏秘传的一套太极拳（杨健侯秘传太极拳）来开发之，这套太极拳就称为内功太极拳。

内功太极拳的内功由三大要素构成。这三大要素形成了一种合力，产生作用，就是内功；训练这种合力的途径，是谓内功心法。心能生万法，所以，内功心法其实有很多，但总结起来，有三大要素：神、意、气。

神，我们借用哲学语言，可称之为人的生命活动之本体，我的老师称之为意元体，还有个老前辈概括其为意本体。不过，这些都是比喻的说法，“阴阳不测之谓神”。神是一种很难用语言说清楚的客观存在（参考本书第七章第一节）。

意，我们借用心理学的术语，称之为意识活动、心理活动。意识活动虽然没有办法度量，却可以借用古人“意到气到”这句话来反复揣摩之。这个意，是能够调动气并使之产生作用的一种人的意识活动、一种专一心念的想法——这个想法专指调动气的一种思维活动，除此之外的想法，因其散乱性，只能说是一种普通的想法。功夫界所谓的意有其独特的专一精神的指向性、意发即空的灵活性、有意若无意的状态性、意到气到的调动能量性，其目的是调动气来产生躯体的运动（内气催姿势）。

这三大要素，至为重要。

这其中，气是基础，我们可以称之为人体的物质能量，同时，这个物质能量包含的信息和质量决定着人的生死存亡。古人有“人活一口气”“人死灯灭气断”的说法。由此看来，气对于人来说，就是一种能量、信息、质量三位一体的客观存在，这种客观存在，构成人的生命意识和四肢百骸、五脏六腑兼容的生命活动，看起来，是有无相间的一种存在，更深入的研究，有待于科学界未来的突破。

古人很有智慧，仅一个字就高度概括了这种物质能量：气。

简体字的“气”，和空气的“气”相同，这容易让人产生误解，以为就是空“气”的“气”。然而此气非空气之“气”，亦不是呼吸之“气”。这个气，是构成生命活动的基本存在，同时，还“聚则成形，散则成风”，是“既在体内，又在体外，不离体外，不离体内”的一种与天地人融合的特殊状态，古人概括为“天人合一”。我们耳熟能详的词汇是天地人合一，如何合一？古人说“一气贯穿”“一气混元”。

由此看来，这个“气”特别重要。唯恐后人们不能全面理解这个“气”，古人还用另外几个词（其实是不同进阶的修炼境界）来帮助我们理解。

1. 炁（qì）

普通人看不见、摸不到，它含着水分，是一种无，但又不是无的一种状态、一种存在。在体内，称为体内之炁；在体外，称为体外之炁；合二为一，称为混元炁。

2. 丹

这个称谓是指有功夫的人通过功夫的锤炼，使炁呈现了一种积聚的状态。在人体中，“丹”储存在上中下三个区域——人体的三个能量仓库。上丹田，以脑中心为田；中丹田，以胸中心为田；下丹田，以腹腰部为田。田就是种植生长丹的地方。上丹田为精神、气度提供能量、信息、质量，中丹田为意识活动（想法）提供能量、信息、质量，下丹田为体质、精力提供能量、信息、质量。太极功夫以此筑基，最终要实现“周身无处不丹田”“周身处处是丹田”。如是，则生命力旺盛，智慧圆通。

3. 剑炁

此剑并非可以看得见的剑，而是剑炁，无形无相，可以把能量、信息、质量聚拢得像剑（无形之剑）一样，往来天地人之间。笔者练过天剑诀，就是让炁这种散布在宇宙深处的无处不在的能量、信息、质量，像剑一样聚拢到体内（特别是上丹田）。

4. 天罡之炁

天地之间的能量、信息、质量，有力量、力度，精微，至刚，又如天罗地网一般，可以形成人体的一种保护网络。当然，这是一种形容词，其实质应为细微而又有刚度、质度的一种修炼出来的功夫之炁的存在状态。

我们所推崇及普及的内功太极拳，对这种炁有独特的修炼方法——和拳架、动作、姿势融合到一起的内功心法，那就是“身中垂直线”和“三道气圈”。首先，我们想象在人体百会穴和尾闾之间有一条身中垂直线（简称为“中线”或“中脉”），以此为中心，肩圈直径1米左右，腰圈直径0.8米左右，胯圈直径1米左右，形成围绕身体的三道气圈，并分别向上下左右弥散。开始练的时候并不容易，可以用形象思维的办法，想象有三道呼啦圈围绕着身体。一般手在上的时候，要有把手放置在肩气圈中的意味；手在下的时候，要有放置在胯气圈的意味——八卦掌称之为“单摆扶搁”。此时，上手的肘部好像吊着腰圈一般，下手的肘部好像坠着腰圈一般，太极拳的术语是“肘吊腰圈”“肘坠而悬”。当然，一定要存在似有非有的想象才能逐渐形成习惯。

这样去练内功太极拳，就会形成三道气圈和身中垂直线并练的习惯，以及练拳过程中的“虚领顶劲”——锤炼上丹田，“心中一静”——锤炼中丹田，“气沉丹田”——锤炼下丹田。有了筑基功夫之后，再深入揣摩“丹球出现顶凌空，两手拢合丹入腹”“丹田气沉”“浩然正气下潜”“浩然正气留身中”等内外之炁的修炼。

此后，再经过太极剑、双手剑、天仙剑诀的修炼，人体的宇宙场会逐渐地扩大、强化，从而帮助我们进入“周身无处不丹田”的混元一体、天人合一的境界。

第四节 内求本具要义略解

2008年12月26日晚上7点，我见到恩师王壮弘。我把刚刚出版的简体版《上善若水——王氏水性太极拳讲记》一书送给恩师。恩师边抚摸着带着油墨香的书，边和我聊天。十几分钟后，他放下书，非常庄重地对我说：“我写了一论本具（文章名为《王宗岳〈太极拳论〉的“本具”涵义》，简称《一论本具》）、二论本具（文章名为《再论本具——兼释四篇王谱》，简称《二论本具》），你以后的使命，是写出三论本具。”

我知道，这是恩师在交代后事。第二天凌晨2点，恩师告别了我们。

恩师离开后的日子里，我总在想恩师所交代的事情：希望有一天能写出“三论本具”。

后来我想，三论本具要从三方面来撰写：用传道授业解惑来体认之，用思维的深度和广度来碰撞之，用功夫的内求法来觉察之。本具的智慧，如寂静夜晚的繁星，我们熟睡了它们依然存在。唤醒这个本具，是求道者的使命，是太极拳修炼者的归宿。找到这个本具，就会豁然开朗。离开老师的我们，依然会深信自己任何情况下都不会走错路。

推广太极拳十多年后，我对本具的要义豁然有了些许的觉察。近些年，我梳理出了神意主宰练内功太极拳、腰为主宰练松腰太极拳、水性流通练水性太极拳、圆觉本具练圆觉太极拳的心性太极拳功道——亦称为心性太极学的修炼次第。在这个过程中，以内功太极拳和松腰太极拳为基石，要入门则必须对内功太极拳的理念和思维进行全面修炼体悟，如是，对于本具要义会慢慢有所感悟，自然身心受益。

要想练好太极拳，必须明了本具。

太极拳就是向内求本具之功的修持涵养。

本具，是人的生命活动与生俱来的神、意、气和形。根据中华文化有无相生，色即是空、空即是色的观点来说，看得见摸得着的形体，必然由无形无相的神意气来左右——从这个支配和被支配的角度看，无形无相的部分其实含着纯阳，这部分是统领、是本体。因此，神为纯阳，意为中，气为纯阴，形体动作为阳。

内求本具，就是人的思维意识要向内求神意气之功，使之得到合理的发挥，并产生本来具有的效应、效益、效果——这是老天赋予人神意气的本分。对于练太极拳的人，本具之功的获得，主要通过太极拳的修炼来实现。

这其中，必须把神、意、气三者的关系搞清楚。不过，由于这三者是无形无相的，因此，必须借助相关的比喻及哲学、物理学的语言来阐述。

人之内在无形无相就是神、意、气。

这其中，神为纯阳，气为纯阴，意为中。中寓阴阳造化机，中为时机、契机、转机。其实，练太极拳的过程，最主要是训练这个中是否能发而皆中节，是否恰到好处。

神主要指的是心神，而非心脏这个具体的脏器。日常生活中，很多人并不能感觉到神的客观存在，但当感觉到自身的焦虑、惶恐、不安时，就是人的意感觉到神动了——人人都有一个神，这个神为思虑神。人一思虑，神就不宁了。

神的本有之意，其实是人的生命活动的本然状态、灵明状态、意识活动发轫空间和背景。对此种自体，可称之为意识活动的本体、本源之体、原初之体、意元体等。练太极拳的终极使命是觉察这种神的客观存在，即达到“阶及神明”的境界。

用什么来觉察“神”的客观存在？人的意识活动，即主动地运用意识，同时，还要体认意识从哪里生发出来以及生发出来的状态，只有进入这个过程，才能称为“神明”，明澈神的客观属性：如如不动、宁静祥和、自然无为。

练太极拳的每一个动作姿势，都要依次做到：“以意造形”“以意领气”“以意囊括气”，然后返观意识本体，这就能觉察到“神”了。

意识乃人的精神活动，平时思考觉察人世间问题时，称为世间智；思考觉察人和天地宇宙关系时，称为出世间智；思考觉察人的意识本体，使能察、所察合二为一时，则称为出世间上上智。连觉察本身都没有了，就可成为出世间上上，无以命名了。

意识一动，气就会动。如果说神为生命活动质量的话，那么，意识活动就是生命活动的信息——有信息在，生命就会存在。生命存在的重要特征就是气，亦可称为能量。质量、信息、能量“三位一体”，才构成了生命智慧最根本的要素。能量提供热能和润滑油，信息提供生命活动的走向和发出指令，质量决定着人的气质、气象、气度。

其实，从气的角度来论述，神意气都是气的不同层面的展现。气为生命的能量源，充沛淋漓、密集饱满，帅血而行、布满全身。神气清爽、精微，本体则虚灵明静。意气快捷、精细、绵润，本体则专一灵动。

神意气，互相支持，互相包容，互相融合，不可分割，各有居所。神居脑中心，俗称上丹田，营养头部脑细胞，并和十方虚空相互应和；意在胸之方寸间，俗称中丹田，特征是“志一则动气，气一则动志”，既可成为情绪和气的主人，亦可成为情绪和气的仆人；气居腹内，在肚脐后、命门前、心口窝下、关元上这个区域，俗称下丹田，此气来自先天，故称为元气、先天之气，主管人的体能、力气等。

神意气都能与体外虚空之气融通，可自由进出内外。不过，没有功夫自觉内求的参与，这种自动自发的内外融通只是本能，有了“心为令，意为帅，气为旗”的内求法的修持涵养，人才能有高质量地与外界大自然能量进行自由交换交流的本钱。这个本钱，才是人真正的本具——与天地精神相往来，内求诸己，如是才能生生不息。

太极拳内求的这个本具，就是人人与生俱来的神意气。

第七章 太极拳架的内功熏修

第一节　起势：太极拳的徽章

大多数太极拳爱好者多从简化二十四式太极拳开始入太极拳之门。然而，从太极思维的角度来分析，目前的简化二十四式太极拳有很多遗憾和值得商榷、改进的地方。现结合太极阴阳理论，略谈简化二十四式太极拳起势。起势是徽章，代表着这套拳的整体特色；是序言，揭开了一套拳演练的序幕，因此，一定要重视。我们现结合阴阳理论，把简化二十四式太极拳起势单独提炼，使之成为一种桩法——升降桩。反复练之、悟之，可奠定学练好简化二十四式太极拳（甚至是任何一套拳）之基础。

太极拳最重要的理论就是阴阳理论。在杨式太极拳家传的歌诀中，专门传有《阴阳诀》，其第一句就是“太极阴阳少人修”。确实如此，许多人对阴阳之词耳熟能详，但如何落实到太极拳中，则支支吾吾，不得其要；也有的人常常借用哲学的语汇来说明，比如，“阳不离阴，阴不离阳，阴阳相济”，“阴中有阳，阳中有阴”。然而，对太极拳修炼者来说，这些词汇说得再多，如不应用于太极拳的实践，就没有任何实际意义，对身心修养和实现“延年益寿不老春”的帮助不大。在这里，我们必须首先明确，对于太极拳来说，这里所论的阴阳，主要是从人的生命活动的角度来表述的。

人的生命活动不外乎“身和心”两方面，这两方面蕴含着最重要的阴阳关系。心，包含神意气的内容，是为阴；身，包含皮肉筋脉骨组成的动作姿势，是为阳。这其中的阴阳关系为：“神为主帅，身为驱使”；“意在先，内气催姿势”；“动作姿势”的变化，能酿造出“神意气”的变化来。

升降桩是从简化二十四式太极拳起势改良而来，主要内容来自铁恩方老师（1913—2011），他十多年前传授给笔者，可帮助我们明了太极拳这个阴阳之理。

一、基本站法

两脚踩地，先外八字，后内八字，然后两脚平行，与肩等宽；两腿自然直立，不偏不倚，脚尖指向前方，没有重心的区别；两臂放松，两肘微微弯曲，指尖向下，掌心对着裤线或微微向侧后方；目视前方，似看非看。

静心片刻，等待“静极生动”的时机。等内心有了杂念，或有了要动的感觉后，两臂马上从体前徐徐抬起，手心向下，指尖向前，肘自然弯曲，抬至与肩平的高度；同时，身体缓缓下蹲，两腿自然弯曲，臀部好像坐在一个虚拟的椅子上，尾闾尖指地，头顶百会穴朝上，身体中正，不要前俯后仰。

二、进步阶梯

在两臂抬起和身体下蹲的过程中，感觉应该停下来的时候，就停下来。

静止片刻，体会内心的宁静和安详。

当内心有了要动的念头时，两臂缓缓落下，身体慢慢直起，返回开始的状态。此过程反复多次。

在这个过程中，我们可逐渐知晓一体两面即为阴阳：阴阳是互相对立的两个方面，阴阳是互相依存的，阴阳互为合作，阴阳可相互转化，有的时候，其相反状态也是阴阳平衡态的体现。

三、特别说明

太极拳谱中有“太极者，无极而生，动静之机，阴阳之母也”的论述，但很多人对“动静之机”不理解，有的人还把这句话给删掉了。

王壮弘老师认为：“‘太极者，无极而生’讲的是‘无生有’的‘化生’道理。‘动静之机，阴阳之母’是讲由‘化生’而带来的‘流行’和‘对待’的道理。”升降桩的关键点也就在于此。要在站桩的整个过程中体会“动静之机”的“中”之状态，特别是要锤炼内心对“动静之机”的时机的把握。

具体到修炼过程，还要体现出拳论中的许多内涵，比如，“意在先，内气催姿势”，也就是说，两臂上升时，“意在先”，意念先到头顶上方，然后两臂好像被上升的意念给带起来一般；两臂下落时，“意在先”，意念先到地下数米、几十米的地方，两臂好像被沉下去的意念给牵下来一般。

这样锤炼一段时间后，还可变换意念，用“意在先，内气催姿势”的理法来催动身体的上下起落（忘记两臂之升降，但两臂依然在升降)。

四、作用旨要

《太极拳论》中的“仰之则弥高，俯之则弥深”，许多人并不理解。不理解就会形成拳论是拳论，只是写在拳谱中的纸上玄机；拳法是拳法，并不能融入太极拳的实践。于是，太极拳就成了肢体动作的运动了，缺少了内功的滋养。这样太极拳和太极拳理论就成了两张皮，脱节了。实际上，这句话在很大程度上指的是意念的运用。

“仰之则弥高”的意念是往上的，而且意念要高远；“俯之则弥深”的意念是往下的，意念要深入地下，好像地下有个深渊一样。升降桩就是贯彻这种理念的训练。太极拳其实打的就是一体两面，因此，升降、沉浮、起落、上下、轻重、高低等内涵要通过升降桩来反复体会。精神不易集中的人，可多练此桩法。

当然，升降桩仅仅是简化二十四式太极拳的起势。专修我所传承的太极拳，起势则复杂得多，还包括辗转折叠、内外混融、意气流通等内涵，用语言表达并不太容易，这代表着我所传承的太极拳的特色——繁求简，简驭繁，繁简一如。

第二节　摸鱼法：内在感觉的训练

当年，杨式太极拳创始人杨禄禅刚闯北京的时候，其所练的太极拳被一些人誉为“摸鱼拳”。确实，太极拳的很多动作，就跟在水中摸鱼一样，轻灵中带着沉重(好像有水的阻力一般，漂浮中透着膨胀，膨胀中寓有清明)。

一、为什么要练摸鱼法

太极拳界还真传下来一套太极摸鱼法。这套太极摸鱼法，练法和心法都极其简单，一学就会，练之韵味无穷。

练习太极摸鱼法，可帮助学练者较快地进入太极拳内在的美妙境界：可使拳架在演练过程中具有充实感；通过不断运动腰肾、两臂，可固本培元，促进血液循环，畅通手三阳经和手三阴经；由于练之“不费心机”，可调摄心神，平和情绪，对缓解大脑和心脏的压力有莫大的益处；更重要的是，摸鱼法是太极拳每招每式过渡动作的熏蒸，熏蒸日久，则太极拳的每招每式就会有“内容”，就不是“空描”。

正因为如此，太极摸鱼法受到历代太极拳练家的喜爱，并流传下一首歌诀：“空手摸鱼非儿戏，看易做易其非易，定住心性补亏损，静中生动内养气。空中意动划圆弧，调和气血固命门，呼吸自然稳住气，炼虚成实精自生。”

二、预备姿势

身体中正，目视前方（目光三分朝外、七分朝内）。两脚前后站立，先左腿在前，练一会儿可变右腿在前。

非丁非八、非弓非马步

前面的脚，脚尖不要直接朝前，要微微内扣，膝盖弯曲；后腿不要像弓步一样膝盖伸直，而是依然弯曲，脚尖微斜。松膝开胯，重心尽量放在两个前脚掌上，不要落在脚后跟上。

这是太极拳特有的步法——非丁非八、非弓非马步。随之，两臂自然伸出，肘部微曲，空涵两手掌（手心自然呈现微微内凹的形态），好像两手上含着气球一般，手心朝下，与胯等高。

三、摸鱼法四式略说

第一式：平圈摸鱼

1. 第一式：平圈摸鱼

身体好像站在齐腰身的水中（或好像站在齐腰高的大水缸中），两手、两肘、两胯、两膝整体往前、往左、往后、往右做画圆运动，似乎沿着水缸的高度在摸鱼。动作不要僵硬，要自然流畅。摸十几圈、数十圈后，再反向摸鱼。

第二式：浑水摸鱼

2. 第二式：浑水摸鱼

身体好像站在齐胸高的水中，两手在水中。右手在前，左手在后，两手向同一个方向画半个圈，左至左侧小腹处，右手继续向内画剩下的半个圈；同时，左手向上、向左、向下、向内、向上画圈，这样，就形成了前手画平圈，后手画立圈之交错往复的形态，似乎要把水搅浑摸鱼一般。可正反方向做此动作多次。

第三式：“∞”字摸鱼

3. 第三式：“∞”字摸鱼

李连杰主演的电影《太极张三丰》和吴京主演的电视连续剧《太极宗师》表现了张三丰创立太极拳和杨禄禅学练太极拳的故事（故事的真伪我们可不分

辨之），其中，令很多太极拳爱好者感到振奋的是，电影和电视剧中均有在水缸中交替画太极图的场景。其实，在太极摸鱼法中亦有此动作，不过，这个动作是两手交错（有先后，但很协调）地在平面划“∞”字：两只手各划一个圆，这两个圆组成一个“∞”字。在划“∞”字的时候，腰、肘、手要成为一个整体。

第四式：深水摸鱼

4. 第四式：深水摸鱼

想象自己站在水中，身体的前、后、左、右、上、下，四面八方都是水，然后，根据以上三种练法，或单独或组合地施展出来——随心所欲地深水摸鱼。摸的时候，用心体会身、臂、肘、手等在“水中”的阻力、漂浮力，这样，逐渐地，精神就能内守，气息就能均匀。前辈曾传“架虚摩空”心法，此种练法可算入门功夫之一。

学练各家各派太极拳的人士均可把太极摸鱼法作为重要基本功进行研练，可在练拳前习练，亦可在练拳后习练，更可以把习练太极摸鱼法所获得的内在感受融入自己所习拳架，这样，自己的拳架就会有新的滋味和内在的充实感。

第三节　太极球：内在能量的积聚

太极球虽不像太极拳套路那样普及，但几乎各家各派都很推崇，甚至认为要提高太极拳的水平，必须经过太极球的锤炼。于是陈式行功太极球、太极球龙形十三式、杨氏府内派太极球、武当玄门丹派太极球、武当循经太极球、养生太极球、松腰太极球等太极球套路各显神通，在太极拳爱好者的心目中都享有很高声誉。

太极球甚至已成为都市的健身俱乐部里的时尚健身活动。但把太极球仅仅归于太极拳训练体系中的器械运动则是对太极球的一种误解。太极球的真意，是帮助我们增进太极功夫。

一、太极球之基本功：揉球

传统的太极球，一般分手中有球和手中无球两种练法。两种练法的基本运动方式都是揉球。

手中有球的锻炼内容各家各派是不尽相同的。陈式太极拳、太极柔术等的太极球都讲究球的重量，一般越重表明功夫越高。而杨式太极拳、养生太极拳乃至中医师所学练的太极球，则以轻灵的纸球（现代以气球或篮球的内胎来代替）为要。

揉纸球的具体操练原则是：如果使劲揉球，球就会破，如果不使劲揉球，那么球就会落地，因此，揉球时既不能使劲又不能不使劲。这样锻炼日久，就可有效提高自身的中医推拿按摩水平，锻炼出来的渗透力能透到按摩对象体内的相关脏腑及穴位等。有了这样的功力，可用推拿按摩的中医技能治疗内科疾病，这是真正的自然疗法。

太极拳爱好者的手中有球之揉球训练，主要目的是锻炼听劲，练出可在太极拳演练和推手中实践的沾粘连随之内在感觉。

此揉球法，可揉气球，关键是取其轻灵。共有四个步骤。

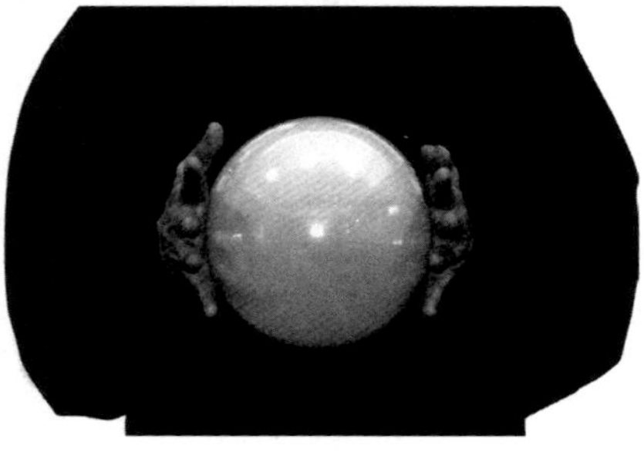
揉球法的基本姿势

第一个步骤：揉球时大拇指往外转叫外转（或正转），大拇指往内转叫内转（或反转），不光手腕动，肘、肩都要跟着动，这样两臂会慢慢形成螺旋动作。

第二个步骤：要体会走指。从小指到拇指、从拇指到小指逐指动，小指或拇指一拧，带着整个掌动。

第三个步骤：被转动的这只手掌心往外吐，主动转的那只手掌心往内含。揉球时全神贯注、精神统一，这样慢慢就能实现太极拳所要求的两膊相系、两肘相顾、上下相随、以腰带动，进而实现全身的整体性。

第四个步骤：逐渐地，思想意识不再关注手中的球，而是从一开始的用掌心转过渡到用指尖转，最后用中指尖转。用中指转时，有大拇指辅助就够了，一般食指帮助较少。这样转来转去，手指会变得越来越灵活。手指灵活了，也就无形中锻炼了五脏，还可把“轻而灵”的感觉和精神宁静的“专注一方”的功夫练出来。太极球不是练多少式子，而是要练出内里的内涵来，也就是要进入手中有球心中无球的境界。

揉气球有了基础，可以纸球、气球、软排球等为器械，编排出一些太极球套路来演练，以增加锻炼的情趣。

二、太极球之意气聚能

太极球的训练应贯穿于太极拳架修炼的全过程，以达到每一个式子都有球感的内在境界。这就涉及太极球的另一个锻炼途径——手中无球之球的训练。无球之球的训练，我们称之为揉球混化手，其目的是用意气聚集能量。这个能量，为内外之气的融合，类似丹道所称的“丹球”，属于气的凝聚态，具有能量、质量、信息三层内涵合一之效。

手中无球指的是不练有形有象的气球、纸球、软排球、木球、铁球等，这些球都不需要。但是，没有这些有形有象的球，并不代表着没有球，而是手里要练一个通过想象凝聚出来的意想之球。这个球无形无象，却并不是不存在，而是通过双手成抱球状，意动球动，球动身动，身球合一，太极始成。

传统太极拳把这种抱球训练称为“狮子抱球”“狮子滚绣球”“混元展形”“太乙混元球”等，训练的目的是把八门五步的太极拳十三总势的理念变成一种真实不虚的客观存在：周身上下，如不倒翁般，整体如球、动静如球、内外如球、如球滚地、如盘走珠。一般来说，如能把这个无球之球练出来就代表着太极功夫有了一定基础。

如何进行这个“无球之球”的锻炼呢？一般可从以下六个步骤入手。

第一个步骤：两手抱着一个想象的球反复开合。边开合，边体会其中球在开合中的变化，比如球拉不开合不拢的感觉等。

第二个步骤：两只手中各抱一个想象的气球，然后，把想象中的气球催发出去，手随之张开；随后，再把催发出去的气球收回手中，手随之握气成球。反复练习。熟练后，在太极拳架的演练过程中，每个动作招式都可手中含球。

第三个步骤：反复往地上拍打这个想象的球。球落地以后，马上从地上弹起来，再回到手上。这样反复，手上就逐渐有所感觉，甚至感觉很明显。

“无球之球”锻炼法的第一个步骤之合与开

第四个步骤：两手抱着想象的球，这个大大的气球好像比自己的身体还要大，身体的上下、左右、前后都被球包裹着。在训练的过程中，要抱球做左右、前后、上下的沉浮、起落、旋转等整体性训练。经常做这样的训练，容易形成一动周身都在动的整体感。

“无球之球”锻炼法的第四个步骤

第五个步骤：想象自己站在气球中，同时想象着这个气球通过弥漫、膨胀，逐渐与天地融合为一；然后再收回来，反复用“若有若无”的方式调动这个气球，使球和身体融为一体。在这个过程中，可随心所欲地边揉球边做一些动作招式，这些动作不需要提前编排，而是身手随球而动，身手球一如也。此外，在传统内功太极拳和水性太极拳的盘拳走架过程中，还要体现出抱球练拳、大球小球交替练拳、周身球体练拳等太极功夫更高境界的内容来。

第六个步骤：推手（揉手）的初期，可用想象的气球去推对方（当然了，手要粘着对方的一点，但是不能用拙力），如果对方全身放松，可闭上双眼，空下心来看看是否能感觉到这个气球的存在。反复练习。

无形之太极球和太极拳架，本身就是一而二和二而一的关系，因此，太极拳的基本功训练不能缺了太极球，在太极拳架的训练过程中，如果体现不出球感和内在的整体感，则太极拳就失去了真意。

三、太极球之效益

从医学的角度来看，不管是有形之球还是无形之球，我们都可以称之为太极球。

太极球的锻炼需要心、眼、手之间的协调一致、配合默契，从而创造出一种平心静气、摒弃杂念、呼吸自然的太极修炼境界。因此，经常进行太极球修炼，有利于舒筋活络、平衡大脑、调节内脏、促进新陈代谢。

掌心、手指末端和手背等处的经络上布满了敏感的穴位点，如属于手太阴肺经的大拇指，它的端侧有“少商穴”，活动发热后有清肺止咳、利咽消肿、醒脑开窍的功效；属于手阳明大肠经的食指，其桡侧距指甲间有“商阳穴”，活动发热后有解毒退热、聪耳止痛的功效；在大拇指与食指之间有属于手阳明大肠经的“合谷穴”，活动发热后有祛邪解毒、调气和血及调理脾胃的功效；属于厥阴心包经的中指，它的指端有“中冲穴”，活动发热后有开窍苏厥、清心退热的作用；位于手掌心属于厥阴心包经的“劳宫穴”，活动发热后有清泄心火、凉血熄风的功效。

太极球的锻炼对末梢神经炎、手部麻木痉挛、高血压、脑血栓后遗症、失眠、冻疮、上肢关节炎、便秘、更年期综合征等多种常见病有明显的防治效果。

更为重要的是，古传太极图本身就是内含阴阳鱼的球体运动，因此，把太极球训练融入太极拳锤炼身心的全过程本身就是太极真味的重要体现和必经之路。

第四节　点、线、面、体：太极拳的起手功夫

太极拳是整体运动，一动无有不动。人们对一动无有不动的描述是：行云流水。

水性太极拳，以水的运动方式来展现这种整体运动。

整体运动，一旦分解开来，用语言文字阐述，虽词不达意，但亦不失为一种帮助理解和进入的方便法门，水性太极拳的点、线、面、体训练法，就是这种方便法门。

一、为什么要练点、线、面、体

水性太极拳是内求本真、本具的功夫，因此，所有的法，所有的思维模式，均是为抵达这个本真、本具服务的，起渡河之船的作用。

水性太极拳所说的水之流动，由滚动、翻动、转动、变动组成。同时，水流又是由无限小的立体之圆的水分子聚合而成，而立体圆，则又体现了无方不圆的特性。

中心向四周伸张为方，由四周向中心聚缩为圆，内方外圆的立体圆，这种圆具有滚、翻、转、变的运动形态。在这种运动形态中，又含有无数个点动、线动、面动、立体动。

我们进行点、线、面、体训练的目的，就是实现点动、线动、面动、立体动。这种动，在训练时先分别叠加着完成，然后

逐渐过渡到联合动，动而又没有分别，无点、线、面、体，因为点、线、面、体已成立体圆、流水运动了。这种运动最灵活、最自然。到了这种境界，才是太极拳圆之运动的彼岸：无为法。

二、点、线、面、体之初级练法

初级阶段，水流、圆的运动，可以通过点、线、面、体——立体圆向前的运动来实现。如图：

点：手指指向前方（图1）。

点变线：手指由前向上，变立掌（图2）。

线变面：转手指相对，由立掌变手掌心向前（图3）。

面变体：周身借地心引力，意想周身立体膨胀放大（图4）。

图1

图2

图3

图4

三、点、线、面、体之深入练法

放大为点、线、面、体，缩小为体、面、线、点，周而复始，循环无断。

实际上，点、线、面、体中又有点、线、面、体，层层无尽。

点、线、面、体，可以手向下、手向前、手分别向左右进行练习。

练熟了，就如水的滚动，如圆的转动，分不清点、线、面、体了，达到“掤捋挤按皆非是”的境界。

这种训练的成果放于太极拳架的演练上，才能真正实现太极拳古谱中所要求的整体“如球滚地”，体内“如珠走盘”“如水流行”。

第五节　神光：太极拳眼观六路的秘密

现代人一般都知道“眼睛是心灵的窗户”这句话，很直白，很清晰。但是，在古代，对眼睛的认识却更为深刻。

一、眼为神之苗

中医很早就提出了“目为心之先锋”“目为肝之窍”“五脏六腑之精气上注于目”的理念。

中国道家养生家，则提出了“目之所至，心亦至焉，心之所至，气亦至焉”的观点，他们认为，目是阴跷脉、阳跷脉二脉交会之所，是卫气内外出入的必由之路。因此，善养生者，一般都把卫气和敛于中，充养五脏以长寿。“和敛于中”的关键是“目似垂帘，含光默默”。

中国武学博大精深，对眼睛的认识多着眼于对敌搏斗上：“灵机于神，目为神首。”“其机在目，敌情预晓。”“眼观六路，耳听八方，其目一闪，灵机万遍。”少林功夫因此还有专门训练眼睛的项目——少林眼功，而且至少要训练三个月。

眼为神之苗，精神之外显，生命力之表征——精神之光芒，对于人的生命活动来说太重要了，因此，对于眼睛在太极拳中的运用，必须深入地了解。

令人遗憾的是，很多太极拳著述对眼睛的表述和用法却不很清楚。

二、眼神里也挂着拳意

体育科研部门编创的新式太极拳，如24式太极拳、42式太极拳竞赛套路等，没有专门阐述眼睛的内容。在42式太极拳竞赛套路中，每个定势几乎都要求目视某掌或拳，这样一来，很多太极拳爱好者对眼睛的锻炼就不够重视，表现在练太极拳的过程中，就会眼神呆板，没有灵动之风采；还有的人，眼睛随手的变化而变化，或爱目视某掌或拳。殊不知，这样日久天长地练，会引体内之气血往上充斥，数年之后，有可能会练出高血压来，不仅达不到“延年益寿不老春”之目的，反而有损自身健康。从这个意义上看，练太极拳者必须高度重视对眼睛的锻炼。

其实，传统太极拳中，不仅有关于眼的专门锻炼内容，而且在行拳走架（套路练习）和揉手（推手）的全过程中，没有忽视眼的作用。

一句话，传统太极拳的“一举动”都有眼（目）的内涵在里边。近代太极拳的中兴者杨澄甫先生说：“目光……平视，有时当随身法而转移，其视线虽属空虚，亦变化中一紧要动作，而补身法手法之不足也。”他的传人李雅轩在一封信中也透露出关于太极眼法的秘诀：“眼神、思想、毛发、皮肤，也无一处不挂着拳意。”

三、神视凌空点运行

笔者所传承的太极拳中，“神视凌空点运行”是至为重要的太极拳之修为，其专有名词术语是：茫点、鹄星。

茫点指想象出的一个透明的淡蓝色（也可以是无形无相的透明的）小圆球（像气球一般），同时，用眼睛去看这个小圆球。这里所说的想象，以前老前辈称之为“意念造形”，日本人春山茂雄称这种思维方式为“制造形象”“脑子里绘画”。但不管怎样，茫点确实是练好太极拳必须具备的一种能力。

为什么叫茫点呢？就是说实际上在目光所及之处，茫茫然然不存在这个点，但是，要用想象的办法形象地模拟、用形象思维的办法描画出这个茫点来（类似老子所说的“无相之相，无物之状”），这样，目光才能有所依靠，才能逐渐地把目光的力量练出来。这种力量一般是眼部神气充盈的表现，俗称眼有神、目光炯炯。不过，太极拳功夫高深者，并不会去有意识地显露这种力量，所谓“神宜内敛”，平时他们的目光往往是“藏而不露”的。

一般初学者练这个茫点的时候，可以先放松地目视天地交合处，如果眼前有山、有树木、有建筑物，你要想象眼前没有这些障碍物，看的时候，即使淌眼泪也不要眨眼，但前提是，一定要放松着看。看一会儿之后，再把目光从天地交合处收回到眼前一米远处，用想象的办法模拟出一个非常小的圆球（类似一个小小的透明的气球），再看一小会儿（半分钟或3—5分钟都可），眼珠基本不动，眼神却要廓视，从左、右、上、下、左侧斜上方、右侧斜下方的角度立体地看（如看到浮雕般），这种看法，就是

"眼观六路"。当然，这是一个漫长的训练过程、逐步的形成过程。看的同时，还要有从中间往回收的概念，这是眼神的运用在阳中有阴、阴中有阳、阴阳相合中的体现。之后，再整体地把目光收回，两眼轻轻闭合养一养（此谓"收视返听"）。

如此训练，就能把茫点练出一点感觉来。近视眼或眼睛患有某种疾病的人，最好能经常进行这样的"看茫点"训练。

四、眼之神光锻炼法

如果还是不好理解，就在眼前一米远处用细线拴一个小圆球（最好是黑色的，可用六味地黄丸捏一个），随之，不眨眼地看上一会儿，淌眼泪也不要眨眼，直到眼前看不到这个小圆球了，看空了最好。这样的感觉，亦是我们所说的茫点。

看茫点并不是用力努目或眼睛睁圆了看，而是自自然然地看；也不是真的要看出什么形象来，而是通过目光来进行的一种想象力训练。

茫点的意义是让目光不呆滞，有所依靠，慢慢地还会练出神光来——精神的力量通过眼睛的光芒散发出来。

在行拳的过程中，茫点是会运行的，这样，在身形、拳架的变化过程中，眼神就会有所依靠，才能在茫点形成的瞬间，身形动作跟上，跟上的同时，目光还要同时收回来（开合相寓），为下一个动作、招式的运行做精神状态的"酝酿"（《太极拳论》所指的"中定"的一种境界）。此时，目光内敛，舒适自然。

鹄星也是想象出的一个类似部队打靶用的靶子，星指靶心的部位，类似10环的位置。如果出拳的时候，眼睛看着这个想象的靶心，拳面中指根同时对着这个靶心，神意气就都会集中到这个部位，这样，就不会出现拙力，而是整体力量出去的。日久天长，就能锻炼练拳者支配自身神意气的能力。这个能力强化了之后，对养生的意义重大。

鹄星出现的时候，如同镜子一样，可以照着身体，但它是不动的，这是练到高层次后会体会到的太极拳“开合相寓”的鲜明特点。茫点与鹄星最明显的区别就是，茫点出现后是可以运行的（《太极拳论》上所说的左顾、右盼等），而鹄星是不动的。

鹄星吮吸指的是鹄星处好像有一个小细绳拽着练拳者的鹤之翅膀向前，这样两臂就不必用力，就会很放松。

随着功夫的增长，对茫点及鹄星的认识会越来越清楚，也会有更深入的体会，比如，茫点在眼前散开的同时，身体里边会有感觉。不过，初级阶段不要过于追求它。另外，茫点在揉手（推手)的时候，是指方向的，有了它，对方的身形才能有一个去处。

经常进行茫点、鹄星的熏陶（练拳时形成自然的习惯），还能很好地调整不良情绪，使之不在体内占位。

在进行专门的茫点、鹄星等太极眼法的训练之后，一定要两手用力相互摩擦，直到发热。然后，闭上双眼，掌心微含，把手掌置于两眼上轻敷片刻。这样可使眼部得到一定程度的休息。

此外，在行拳走架的过程中，还有深入进行眼睛训练的方法：

其一，眼神养成三分外、七分内的习惯。

其二，建立眼观六路、耳听八方的习惯。

其三，实现眼耳鼻舌身意互通，即练拳时整体用眼的习惯，周身无处不丹田，周身处处是眼睛。

附录

附录一

答疑解惑（28则）

心性太极学开启心性之门，目标是“治未病”，优化生命，实现生命领域的自由自觉自主自控。因此，我们不是为了学很多知识，而是要掌握太极的思维模式，最后，要损之又损，乃至于无为。本着这个目的，我创办了智勇文化学院，创办杂志，出版书籍，拍摄视频教程，随着学者日众，亦有了多方互动，才有本书“答疑解惑”的诞生。

承始承终是这门学问、这条途径、这门艺术的本质特点，决定了任何答疑都是不完整的，都是言语道断的。所以，心性太极学，其内在的感觉、内在的体会、内在的变化、内在的境界，必须探研者亲身体验，才能冷暖自知。

“答疑解惑”只是供初学者参考的一种“扶功法”——帮助、辅助、扶着，是使功夫获得提升的一种方便法门，仅限于太极拳三大境界之有为境界（甚至大多数回答，是以心性太极之入门——太极降龙伏虎拳为基准的答复）。某一个“答解解惑”，仅针对某一个人“就事论事”——看其对太极功夫、太极文化、太极智慧的理解程度而解释。到了另一阶段，则相同问题的回答和前一段时间的回答也可能不尽相同。

等功夫精进了，就会发现，这些解答，不是在下一个准确的、标准化的定义，而是仅供当下的阅读者（或提问者），在思维、内景、人生、生命活动等方面参考，以期有所启迪而已；如果与内在的功夫境界或答疑中的某些提法脱节（或感觉不妥），则要靠自身的实践来补充之、修正之、升华之。

太极：国学之心、太极拳之心

1.“太极”两个字从何而来？有什么意义？

“太极”这两个字来源于中华圣贤的智慧。“太极”一词，至少有两个来源：其一，来自孔子注解《周易》之《易传·系辞上》：“易有太极，是生两仪，两仪生四象，四象生八卦。”其二，来自道家典籍《庄子·大宗师》：“道……在太极之先而不为高，在六极之下而不为深。”

对于“太极”，历代先哲从很多方面进行过解释，如“心为太极”“物物一太极”等，有数十种之多。明朝张岱的《四书遇》引杨复所的话：“千古圣学，唯有小心而已。”因此，我们概括一下“太极”，简单说，可用“最核心”的智慧来理解之。

那么，我们知晓自己的心在哪里吗？

2.“太极”的图案应如何解读？有什么特别之处吗？当中的两点“鱼眼”是什么意思呢？

“太极图”被誉为“天下第一图”，亦可说是“无字之天书”，类似宇宙模式图、人类思维图、核心导图之类。当中的两点，代表阴阳两极，到了极点，就是转化、变转。

举个简单的例子，一个人落魄到极点的时候，好像没生路了，如能再坚持一下，就会迎来转机，这个鱼眼就是到了“极”的意思。如果白天到“极”了，就开始往黑夜奔，反之亦然。这两个点，代表着其大无外，其小无内。中间的“∽”线——其实应像“∞”才对——正反看均是螺旋进、螺旋出，此乃动静之机，转化之萌动，起心动念之发轫，调和阴阳使之平衡。（参看古太极图）

3.“文”和“武”两个方面如何帮助小孩成长？

中国古代的教育始终贯彻着文武双修的思想。从大的方面看，文是儒道释之学，武是功夫修为、个人修养；文的意义是开启智慧，武的要旨是止妄念、止杂念，所谓“止戈为武”；文的教育目标是培育人文精神，武的教育目的是涵养担当精神。

我把这种通过“文武双修”来抵达“智勇归仁”的教育模式，概括为专门的有关教育的学问——智勇教育学。如何帮助小孩成长，其实很简单：文，通过国学经典的诵读来实现；武，通过太极拳套路和内功心法的修炼来实现。当然，在具体教学中贯穿的教学模式是游玩学合一，仅经典诵读就摸索出32种方式，称为“32相诵读法”；武学基本功，则先教孩子们少林童子功、太极童子功、十路弹腿、十家功夫串拳（熔铸少林五行八法拳、少林十三抓、陈式太极拳、鹰爪拳等各家拳的招式招法等），来提升他们的兴趣，并增强他们的体力和体能，进而，再系统传授孩子们八卦掌、中华剑道、太极拳、太极推手等；游戏，则是把中华文化的一些符号编成游戏让孩子们玩，比如无极混化阵、太极两仪推手阵、一字长蛇阵、三星移位阵等。

如何才能学好太极拳

1. 如何掌握太极文化与练好太极拳?

第一，要把太极拳当成一种文化来研究，只有这样，我们才能站在前人的肩膀上开拓出属于自己的太极功夫境界。我们不能把自己培养成一个太极拳打手，而是要立志成为太极文化的传承者和发展者，这样，我们对太极的认识才会真正站在一个高的起点上。

第二，诚信、立志、磨砺、体悟、行动缺一不可，太极架（形体动作）、太极术（内功心法）、太极道（精神修养）的修炼缺一不可。

第三，专一心念。我们这个时代信息高度发达，在研究太极文化（或者国学）的道路上，各种诱惑层出不穷，如果我们把持不住，则有可能偏离正确的航道，去追求许多虚无缥缈的东西，所以，最好的方法就是专一心念，一心一意地按一个老师（通达太极拳智慧的师父或通达儒道释医武的国学老师——当然，不通达也没有关系，关键是能全心全意地教你）的教诲去修炼自身（至少五年或十年不动摇），一门深入，方能成就自身。若能如此，假以时日，功夫一定会上身的。

有一天，我曾问一位很熟悉汪永泉（原北京市武协副主席，杨健侯秘传杨式内功太极拳传人）的前辈："汪老师的功夫为什么这样好？"他回答道，汪老师一生只研究杨式太极拳老六路，而有些人的功夫为什么没有他的纯，就是因为这些人练的内容太杂。

练太极拳达到了一定境界，掌握了规律，法是不需要太多的——所有的法都是帮助过河的筏，过河后要扔筏的。

2. 从具体的功夫修炼境界上来看，太极拳和内丹修炼有什么区别？我们是不是还应该去修炼内丹？

自古以来，太极拳及内丹修炼法是一而二、二而一的关系，本质上区别并不大。

太极拳原本就是汲取了道家修炼身心的精神的一种功夫，因此有人说，太极拳是道家创编的拳。只是到了近代，丹法与拳法才各自衍化，变成了太极拳和内丹各自为政——太极拳变成了太极操，内丹修炼法变成了道家气功。其实，真正的太极拳是与内丹并行不悖的，而这个内丹，也就是心性太极学所指的内功修炼法，以及行拳走架中的内功心法、太极拳揉球（传统名称为狮子滚绣球、混元球）所积聚的能量、信息、质量合一的气团等。如果做不到这一点，你所练的太极拳一定是太极操，或者是太注重招式招法的太极拳了。真正的太极拳，本质上和内丹修炼法是没有区别的，其最高境界与道家所说的通大小周天乃至粉碎虚空的境界是一致的，都是让人从身心的必然王国跃迁到自由王国。

道家一般追求通过修炼成仙成道，其实，“成仙成道”只不过是一个形容词，形容通过修炼所达到的境界，这和老辈人形容太极拳高手抵达的“出神入化”境界是一致的。此外，社会上一般人练太极拳时都会提到“动中求静”，其实真正的太极拳和道家一样讲究“静中求动”。比如手挥琵琶一式口诀就有“静中求动”。这套拳练好了，你就会发现所有动作都是在静中产生的。在太极内功修炼法中，口诀“丹球出现顶凌空”中的丹球和内丹大德所阐述的“天元大丹”是同一个东西，更重要的，太极拳所强调的上丹田、中丹田、下丹田本身和丹道中使用的语汇相同。基于此，据本人所知，当代还有人创编了丹道太极拳，可能是觉得社会上很多人所练的太极拳缺少丹的内涵故而命名吧。

要学习太极拳，对相关的丹道知识还是应该有所了解。心性太极学除了有丹道的内涵外，还有儒家修浩然正气、佛家修心性的功夫在里面。

3. 现代社会生活节奏快，需要掌握特别多的新知识，否则就会被社会淘汰。这样一来，就与学练太极拳在时间上发生冲突，可否把读书、学习和练太极拳结合起来呢？

练太极拳和读书、学习相结合是一门功夫。一般来说，可分三个步骤进行自我锻炼。

第一个步骤——培养习惯阶段。

古人读书做学问，并不是只读书或只撰写文章，而是强调先把自己的心收回来。孟子讲："学问之道无他，求其放心而已矣。"把放出的心收过来，就是做学问的方法。但这还只是做学问的开始，只能说是为做学问创造了条件。如果把心收回来而什么都不干，学问还是做不成。怎样把心收回来呢？先静坐一会儿，把心定住了，然后再安安静静地读书；读了一会儿书之后，走了神，或有了杂念，就再闭上眼睛静坐一会儿，然后再读书。

儒学大家朱熹在岳麓书院讲授四书五经的时候，一般要求学生半天静坐半天读书。我们现在练太极拳，可以先放松安静地练一遍太极拳，然后再读书。如果读书累了，或者有了杂念，可以闭上眼睛，用意念练一练太极拳的起势和收势，或默运意识练一遍心性太极学之太极混化法或者学过的其他太极内功修炼法。可以全练，也可以只坐着练其中的部分内容。如果整个身体都疲乏了，不要形体动作，纯用意念行一遍也可；如果感觉脑子需要休息了，可以多练一练讲究内气的太极拳，比如内功太极拳等。此外，可以事先给自己定一个读书计划，如每读两三页书，就闭上眼休息一两分钟，把心定一定，找一找"心中一静"的感觉，这样脑子就不会疲乏，读书的效果就会更好一些。

第二个步骤——内修自身，促进读书水平的提高。

我的一位老师讲过这样一个故事：过去考状元的才子们经常要互相访一访，了解一下对方的学问，看谁水平更高，从而判断自己能不能考中。有这么一个人，很有才华，也很自信，就到处去访。他写了一个“今科状元是我”的旗子，访哪一家，就把这个旗子插在哪家的门上，以示状元非他莫属。他访了很多学子，的确都不如他。最后访了一位和他名声差不多的人，他觉得这个人和自己不相上下，所以那个旗子一开始先放在袖口里，没敢拿出来。进了屋，两个人就谈学问，一谈谈了一天一夜，不吃不喝。第二天，对方的神有点儿守不住了（过去儒家也练功夫，有定力）。他看到对方的状态，就把旗子拿出来了，对方也觉得自己神跑了，没定住，也就服输了。因为神一跑，神气就不足了，谈话还是这么谈，还是这个事，可神没在这儿，对对方的感染力就小多了。所以，搞学问也好，练功夫也好，都需要有定力的。

这个定力的训练，《大学》的第一部分就进行了描述：“大学之道，在明明德，在亲民，在止于至善。知止而后有定，定而后能静，静而后能安，安而后能虑，虑而后能得。”古人必须让自身先有了“知、止、定、静、安、虑、得”这七步修养之后，才能去做学问、做事情。这其实和我们练太极拳的内在修养没有什么区别，所以，练好太极拳可以有效地促进读书学习。

第三个步骤——入静读书阶段。

当太极拳练到一定程度时，就能很快地入静，也就为读书打下了很好的基础。我们先入静，然后打开书，在入静的状态下去读，并在读书学习的整个过程中保持这种不动心状态。读的时候，不要硬去背诵，不要把注意力全“集中”到书本上去，而是要把书“吸”到脑子里，好像是在脑子里读书。这需要慢慢地去锻炼、去体会。达到这一步以后，读书就不是用眼睛看，而是在脑子里读，这样就把“心中一静、专注一方”等太极拳的境界融进了读书生活——边读书，边保持内在精神状态的安定。

只有定得住，精神和学识才能结合到一起。按过去的讲法，看一个人有没有学问，就看定得如何。外边不管有多少事情，心不外驰，这就是有功夫，这就是学问。

当代许多人或把太极拳当成健身方法，或试图让太极拳融进技击，去参加擂台赛，去和人比高低，岂不知这反而降低了太极拳的身份。

太极拳其实也是让我们寻求大智慧的一种途径啊！

4. 在自学太极拳的过程中，要遵循哪些规律？

第一，对太极拳的内在感觉、内在景象不要过分追求，不要预先给自己设定一个框框。

如果有了框框，整天去追求，就犯了功夫修炼的禁忌，尤其不能像练气功一样去追求热、凉、胀、跳等所谓的气感。因为太极拳讲究“全体透空、无形无象”等天人合一境界，过多追求气感等内在感觉，就会流连于其中不能自拔，反而会耽搁功夫的进程。不执着是修炼任何功夫的基本原则，太极拳也如是。

第二，根据相关书籍自学太极拳，最好能按照一个太极拳体系的原则进行学练，不要这家太极拳看一点，那家太极拳研究一下，总是掺和着来。

没有老师的当面指导，自身也没有功夫的底蕴，这样就永远练不出功夫，甚至连基本的健康都达不到。这一门太极拳的修炼原则是什么？它的根本道理和操作规程是什么？它的核心秘密在什么地方？如果你不明白这些，就很可能拿这一家的一部分和那一家的另一部分中正好相矛盾的内容往一起掺和，这么一来就会出毛病。因此古人才会说：“切忌真言偶听。”我的一位老师也曾反复告诫道：“以前师兄弟一起练拳，都不允许相互之间问老师怎么教你的，你是怎么练的，就是怕弄错了。”此外，由于我们传授的心性太极学是一个特殊的体系，不适宜和社会上流行的太极拳一起练，这当然不是否定其他太极拳，而是为了不养成以形为主宰的毛病；也不适宜与所谓的走具体经络路线的气功一起练，因为心性太极学三个阶段的太极拳，都是走内外混元层次的功夫，讲究人天混化，练的是混元气，这个混元气与走经脉、守穴位、纯意守的方法不一样，不突出气的内容（突出气会形成“神不役气”的弊病）。练的过程中，强调“意在先，内气催姿势”，强调“静中求动动尤静”，强调“丹田发动，周身显用”，强调“三量用功夫：沉重量、飘浮量、流通量”的修持原则。所以，练太极拳关键是把一个体系的道理弄清楚了，再练拳，就不会出毛病了。

第三，太极拳这门学问，我们不要把它看得太神秘、太高不可攀了……我们应对太极拳有一个全面的了解。

实际上，在日常生活中到处都有太极拳的内容，比如“意在先”就体现在无时无刻不在运用一种习惯。我们拿东西，先有一个拿什么东西的目标，也知道东西放在什么地方，在这样的基础上，才手一伸。这个过程中，是念头先动手后动了，只是这个念头（意念）一般情况下我们感觉不到罢了——这就很符合太极拳所要求的“无意之中有真意”。所以懂得了这番道理，按照其中的规律因势利导，就会更加有利于我们的生活，也更有利于太极功夫的提升。

第四，学练太极拳的过程，就是建立太极拳的思维方式的过程。

如何建立？关键是在日常生活中养成太极拳的思维方式。比如，做任何事情都“意在先”；面对困难，用“松散通空”“浩然正气”的方式解决；平时不能入静，就多体会思维转换之际的“心中一静”；工作生活累了的时候，可做一做“三道气圈”散出及收回身中；日常生活中，多观察大自然，“道法自然”，大自然处处都在教我们。总之，只要行、走、坐、卧时都不忘太极内功心法和太极思维模式，太极内功心法和太极思维模式就会福泽我们的日常生活。

5. 每天练太极拳多长时间为好?

总的要求是练太极拳的时间越多越好、练得越轻松越好，但也要根据身体情况、工作生活情况量力而行、循序渐进。关键是不要因为练太极拳而搞得精神紧张，也不能为了练太极拳而产生“刻苦练功”的想法。老前辈们往往有“玩太极”的说法，以这样的心态去练太极，时间多长也会觉得短。

每一种太极拳对时间的要求都不一样，比如，简化24式太极拳，练一遍5分钟可以，20分钟也可以，主要看你自身对练拳的定位。

心性太极学的每一套太极拳或太极内功是一个整体，不能简单地以时间长短来衡量，而应当从“质”的高度来要求。

如果心里放松不下来，比如有很多事情等着自己去做，这时候即使练2小时，效果也不大。如果按照太极拳之理法的要求，每天至少舒适地练1—5遍太极拳（或和太极内功组合到一起练），天长日久，就能产生很好的修养身心的效果。此外，我们传承的内功太极拳、松腰太极拳还有一个很特别的现象，大多数人在练的时候能体会到内在的舒适感，因此，很多学员会自动抽时间多练。

修正太极拳的路径

1. 我练内功太极拳两年多了，可动作还是比较僵硬，难以规范。我很着急，恨不得赶快把松柔的问题给解决了，请问如何解决这个问题?

动作不规范，就看你是在什么基础上的不规范了。如果说有些动作还不那么熟练、不那么柔软，动作的运行路线做得还不够标准，那就认真去做，反复做，想“我一定能做好”。

千千万万不要在脑子当中有“我做得不规范”的念头。每次练太极拳之前，都想“我能做好！我很规范！我很松散！我一定很轻柔”等，然后，按照要领，在神意方面多锤炼。记住，关键是神意方面的锤炼。

一般情况下，过多注意形体动作，就会把神意给忽略了。因此，我们要从“松散通空”“松空圆满”等方面去体悟。这方面体悟多了，神意的力量强了（同时依然秉承“若有若无”的要求），形的动作虽然还在，但自己却不管它，这样反而容易做到形体的松柔。

在现代社会中，日常生活和工作的紧张造成了我们身心紧张，身心的紧张又会使身体逐渐僵硬，而内功太极拳和松腰太极拳就是要改变这种状态。如何改变？就是反复按照要领去练。此外，还要有针对性地多练起势和收势，多进行太极内功筑基法、太极松身法、太极松腰法等太极内功的专项修持。

2. 有人在练习太极拳的过程中出现膝关节疼痛的现象，这是怎么回事？如何练习才可以避免？

心性太极学所传授的内功太极拳和松腰太极拳、水性太极拳等一般不会出现这种情况，因为我们讲究全体透空、周身舒适地练拳，很少有屈蹲过深的姿势，这样就保证了不会出现膝关节疼痛的问题。

出现膝关节疼痛的主要原因有三：

第一，过度追求形体动作的漂亮、难度，把形的锻炼当成了太极拳修炼的唯一内容了。比如“白鹤亮翅”的姿势蹲得过低，一条腿的负重太大，这样就阻碍了气血的流通。我的一位恩师曾多次批评一些人把姿势做得很低，总问：“你这样难受不难受？”练太极拳本来是身心的修养和享受，结果膝盖出现了问题，这样岂不是得不偿失？

第二，运动量过大了，为了追求功夫，太强调刻苦练功了。刻苦对于修炼讲究内功、松腰、水性、圆觉的太极拳可能就不太适合。是否舒适才是检验我们太极拳练得好坏的重要准则。一味追求太极拳一天练了多少遍，这样效果反而不好，因为太极拳的智慧是悟觉出来的，不是贪多求量地一遍遍打出来的。如果能进入神意气的状态练拳，练一遍的效果可能比没有神意气的效果强十倍。

第三，对于太极拳的起势和收势不重视。一般来说，起势相当于播种，行拳走架相当于耕耘，收势相当于收获。这三个过程都不能忽视。但是，我们看到许多人到了公园或相关的场地，没有进行起势前的身心调整就立刻开练，练完之后，抬腿就走。这样其实是前边还没有播种，就开始急急忙忙地耕耘了；后边还没收割，就结束了。这样的练拳殊为遗憾。一般情况下，起势前要排除一切和练拳无关的杂念，让身心由不练拳的状态进入练拳的状态，这就需要我们先自然站立，尽可能从头到脚、从里到外地让自己进入一种松散通空、无我无为的境界，然后再开始起势。练拳的过程中需克服形体为主的习惯，逐渐地建立“意在先、内气催姿势”的自动打拳的习惯。不去多管形体，则形体对于自身的损伤就不会发生了。此外，收势的时候，一定要静养2—5分钟，让气血在身体里各归其位，然后才真正地结束锻炼。

如果把太极拳之轻灵、飘浮感练出来，好像在云中、水中、空气中打拳，自然而然身体对膝盖的压力就大为减轻。

需要说明的是，一开始人们的动作和“意在先”等不能很好地融合，总习惯于先把自身的形体动作好好规范了再说。其实，心性太极学所传授的太极拳，其自身规范要从神意的灵明、内气的充沛、腰的松柔等方面进行用功，这些内在的东西有了，姿势才能逐渐正确，因为姿势是被内气催发出来的，太极拳之动是腰—丹田发动的。如果内气不足，姿势的浑圆一体、内外一如则达不到；如果神意比较僵滞，则形体动作就不会自然舒畅。所以，如果按心性太极学的规范去做，膝关节疼痛等问题就不会发生了。

3. 杨式太极拳流传下来有杨澄甫之大架、少侯之小架，又有杨凤侯所传之老架，又有据传是杨禄禅直接传下的府内派的一套功法，但是各家的内容却不一样，风格也相差极大。几本太极拳的书也只提到太极功，对松腰法、太极球、太极混化等没有专门介绍。怎样理解这种现象？

现在太极拳界也好，功夫界也好，由于受许多因素的影响，人们认为学的东西越多功夫越高。其实，学得越多，越阻碍功夫境界的领悟。为什么会这样？因为人的精力有限，成天专门研究套路，则会阻碍体会内里的东西，也不易积攒住功夫。所以，当基础的东西有了，真正的练家只练1—2项内容或参学一个体系的内容，每天都揣摩，这样，才会让内功心法和思维模式在身体里和内心深处扎下根。

各家风格各异有几种情况：

第一，当时老师针对每个学者的不同情况因材施教。

第二，太极拳到了一定境界，老师可以编出一些动作来，或者精简，或者增加一些东西。这样，传承下来，许多徒弟就不一样了。

第三，以前，真东西从来不轻易传授，但是，老师还要以此谋生，所以，他会把自己的真东西隐藏起来不教，或者传授的时候，从来就不是系统的，而是经过多少年的零敲碎打。这就需要学者自己的总括能力了。

第四，内功心法不轻传。为了不失传，他会考验自己想传授之人七年到十年。经历不起考验的人可能早就在外面闯出了名声，但是，他的内功心法可能还没有获得真传呢。只有经历了考验或老师特别看重的徒弟，到了一定时候，老师才会教内功心法，到了这时，拳必须和内功融为一体，这就需要徒弟的悟性和机遇了。这个时候，老师可不保守，甚至连子女都没有教授的内容也会传授。

第五，太极拳之相一定是千变万化的，而核心——阴阳中含三为一、拳功道一体、动静一如、觉悟本具等，才是永恒不变的。太极拳的套路和名目多，是因为外相的特点就是花团锦簇，因此，见相破相对于学练太极拳者尤其重要。

其实，里边的东西出来了，套路就没有什么意义，所谓“过河扔筏”。此时，揉手的时候，连个招数也没有，搭手就是。这才是太极拳所要追求的。

等功夫有了，会发觉更多的套路学不学都可以了。因为套路是帮助你体验神意气和形体动作互孕关系的，有了功夫，所有套路就都没有意义了，那个时候，举手投足都在境界里。套路是船，内在的舒适和无形无象才是彼岸。到了彼岸，船可能就没有意义了。当然，为了渡人，老师还是会教给你套路的，但是，同时学很多套路，就好比同时跨上了许多船，这时候，可能船就不好运载你了，因为船在扯你的腿。所以，最好最快的办法，就是上一艘好船，然后起程，去经历修炼拳法过程的风风雨雨（身心的改造和升华）。

心性太极学是拳、功、道一体的，因此，才有松腰法、太极球、太极混化法等内容，所以不好拿这些内容和别的老师进行类比，别的老师一定有他自己的一套体系的内容在里边。

4. 内功太极拳以体会舒适为原则，但为什么一些太极拳泰斗级的人物也有在苦练中感到痛苦的经历呢？

练功刻苦的实质是帮助锤炼内心之平静、神意控制自身的力量。一般人不好理解，所以，才用让其吃苦的办法来修炼意志的力量，意志的力量有了，神意调动内外之气的力量才强。有的时候，必须通过一定的途径让人变原先认为不可能的事情为可能，这时候，就要通过某种功夫或办法来解决“心意”问题。

此外，心性太极学强调要从“松稳慢匀”“松散透空”“松空圆满”“松化净定”上入手，并不表示在某些时刻就没有身体的痛苦，比如，汪永泉老师说松腕时，手都不会动了；我的一位恩师1974年松腰的时候，正在骑自行车，结果，练松腰这一时刻，连自行车都骑不了了。

由于每个人的先天素质不一样，所以，体现在外，其表现形式就各不相同。由于太极拳是从儒、道、佛家之泛化的过程中融汇、传承下来的，因此，在某些时候，也会出现所谓的“净化身体”的内在气机反应、气化反应。不过，一定不要去追求这些。当身体还没有透空的时候，其产生大的变化的时候，内在的滋味，每个人的感受是不相同的。当然，这是一个复杂的问题，历史上的传说，还需要以我们自身的实践去考察、去体验、去印证，印证的学问，才是真知灼见。

太极之道

1. 怎样处理好“人心”和“道心”？

太极拳架、太极术（内功）、太极道，是太极修炼的三个层次。我们现在所推出的心性太极学就包含了这三方面的内容。

一般来说，如果“人心”浓重的话，就会多追求招式和动作的应用，这样的人，出于功利的目的也会去追求内功方法，但对于道的内容就不考虑了。

古人有武道通仙道之说，却没有说武术通仙道的；医学也一样，也有医道通仙道的说法，但却没有说医术通仙道的。任何领域到了道这个层次就都不一样了。我们学习心性太极学，就应该养成从拳架、内功、道这三个层次同时入手的习惯。光追求方法，就会“死”在法上，被什么绝招给陷进去了，不要说道，连内功修为都出不来。

道就是人走的道，是从意识里用功夫的内容。我们听恩师王壮弘先生讲课，他很少一个个去反复地讲解招式招法，或者纠正姿势，而是更多地阐述太极之道，希望我们从理上悟。他说，悟后自己就会练拳了。

道理明白了，对神意有了明晰的认识，就会直接抓住根本。这个根本就是道心的修养。

要炼就道心，就应按道心的要求从神意的层面多下功夫，开始可能不习惯，起心动念总是按“人心”的习惯去处理，但是我们需要去建立这种习惯。

佛家（净土宗）为什么总强调念“阿弥陀佛”呢？就是为了养成习惯，从而在紧急时一念“阿弥陀佛”，意识的作用就发挥了。我们练太极拳，就要练任何时候都“意在先”的习惯，这样，最关键的时候就能产生作用。有个故事，说杨禄禅陪王府的人打猎，突然有个人偷袭，杨禄禅眼睛一看，手一指，这个人就被打飞了。注意，这可什么招式都没有用，当然，后人说这是凌空劲。把一个人浑然一体的状态往劲法上归，这是把杨禄禅的功夫从道的层次往术的层次拉的具体体现，这就证明现代人注重招法、劲法而忽略了道（神意的修养）。

道心常存，就会在关键的时候产生作用。此时，首先反映出来的念头和行为，肯定是日常生活中功夫修养水平的综合体现。

2. 有人说：“人体内有无相生的过程时刻都在进行着。”我们如何利用这一重要环节练好太极拳？

人体里时时刻刻都有个有无相生的过程。

在练太极拳的过程中，运用意念的时候，最好不要去管形体动作，要把形体看成一种模模糊糊的有形之体和无形之气正在相互转化的特殊状态。有这样隐隐约约的念头就可以了。然后，只管意念不管气地按照内功心法的要求去练太极拳。

这个时候，所有形体动作都是在神意的支配下进行的，而无形无象之神意气之所以能自由出入形体内外，则正因为有形之体进入了模模糊糊的空无状态。这个空无本来是有形之体，现在则成了空无的状态（隐隐约约的想象和感觉）；无形无象的神意气本来是人看不到摸不到的无，但是在身体里和有（形体）相结合了。有（形体）中孕育着无（神意气），无（神意气）中生有（神意指挥气，让形体产生动作，气血随之流通等）。

整个这样的过程，就是有无相生的过程。

内在变化和内在体验

1. 内功修炼时，感到气冲头部、头耳嗡嗡响、头不清静，怎么办？

产生这类情况的原因是身心没有放松，有些紧张，有些过于认真、意念过重，此外，下颏没有微微回收。

当然，由于没有见到本人，只能做如是分析。

我们一些同道由于平时干任何事情都很认真，所以在实修太极拳内功时，就自觉不自觉地按照拳论或者老师的要求，使劲用意念想象，这样就会把气血往头上引，引起上述问题。

我们平时要认真，对待内功修炼也要认真，但是在内功修炼的过程中，意念要极其随意、极其潇洒、极其不认真，好像用意念了又好像没有用意念一般。内功修炼的关键是放松，练的过程中，意念要似有非有、若有若无，做到“无意之中有真意”才行。

2. 有人说太极拳不讲经络，那么，有的书中为何还有沿足三阴三阳行走的说法呢？

不讲经络不代表没有经络的效益，太极拳修炼的过程，甚至还有周天运行的意味在里边。此为一也。

在内功太极拳阶段，具体的只是意的走向，而意是若有若无的。这个过程其实也是让周身化为整体的过程，是在身体里边（内侧和外侧，有和无之间，动和静之间）运行的。此为二也。

在这个过程中更关键的是调整身心的状态，使之由不练拳的状态进入练拳的状态。此为三也。

运行的过程并不着眼于经络的走向，因为身体是空的，只有“意”的动，所以没有任何具体的路线，而“意”是隐隐约约地行走的。此为四也。

由于心性太极学以道为究竟，所以会出现这方面的情况。但是，我们不引导、不倡导、不推动往这方面努力，否则，就又会落到后天法上了。

3. 学练了您所传授的太极拳后，是否可以继续练自己以前学的各套太极拳、太极剑、太极扇？

不适宜继续练其他单走拳架套路的太极拳、太极剑、太极扇。

为什么这样说呢？因为，如想取得很好的养生及功夫上身的效果，最好能一门深入。不在于学了多少套路，而在于内功心法是否了然于心。如果内功心法的要旨能体现得很好，甚至连套路都可以不练——此时一举一动都是太极的运动了。

此外，如果我们学练内功太极拳和松腰太极拳内功心法的同时，还舍不得扔下单纯走拳架套路的太极拳、太极剑、太极扇等，则功夫永远出不来。这是因为单纯走拳架套路的练法，会使我们的意念过多地注意躯体动作，这样，太极拳“意在先”的要旨就没有了，推手的时候或者进一步提高功夫的时候，之前养成的习惯就会制约自己，使自己发挥不出太极拳“四两拨千斤”的作用来。

对于太极拳的内功心法，如果能真正用几年的工夫，去只问耕耘不问收获地研究，我相信许多人都会有别有洞天的收获。

太极拳内功心法并不神秘，它是一门艺术、一种智慧、一种思维方式、一种行为方式、一种很高级的精神享受，但是，为什么我们很多人感受不到这些呢？

第一，我们平时没有接触过，摸不到其中的规律。

第二，原来的思维习惯（参照系）没有太极拳内功心法的位置，我们一投足一动念，总以力（气力、拙力)的方式解决问题，而对以神意气为内功的另一种力几乎一点儿也不知道、一点儿也不会用。

第三，我们贪多，总以为套路越多越好，其实不然，关键是按照一个体系的特点，一直深入下去，过河扔筏，河过去了，自己的身心产生了变化和提升，就完成了从此岸到彼岸的飞跃。本来我们过河只用一条船就可以了，结果，你上了这条船后看另一条船好，于是就下了这条船上了另一条船，或者同时踩在几条船上，于是，单为了保持身体的平衡，你就得一直在此岸挣扎，连有所前进都做不到。

当然，如果以前练的套路实在不舍得丢，练也可以，但应把内功心法加进去，此外，也可以用太极之理或者《太极拳论》来衡量一下，看看所练是否有不符合《太极拳论》的地方，如有，改进之。

更重要的是，未来就连我所传授的太极拳也要扫除掉，扫除了，空了、无了、明了，才是真正的本具境界。

4. 我跟随您学练内功太极拳已一年多了，在行拳走架时，自我感觉非常好，气感好，气场的能量很大。在修炼“太极混化法”等太极功时，丹田之气非常充实，但有两件事还不大明白：①在行拳走架时怎样应用四道气圈？例如，是否在掤时放出气圈，捋时收气圈等。②行拳走架，是否就是在完成掤、捋、挤、按、采、挒、肘、靠？

第一个问题。四道气圈之说，是否为三道气圈之误？也许您指的还包括立气圈，但如果这样划分，就还应有斜气圈。应用在行拳走架的过程中，主要就是按教材中明确所指关注这些气圈。

不要把气圈给落到形而下的招法上了。三道气圈是练周身整体和内外混元境界的，最后要通过它来实现天人合一。但是，行拳走架的过程中，三道气圈是始终存在的。手在上面的时候一般要落在肩圈上，手在下的时候，要落在胯圈，肘吊在腰圈上。这样，出拳的时候，手和外在之气才能是一个整体。没有了这个整体，太极拳所说的“天人合一”就是一句空话了。此外，在揉手（推手）时，三道气圈还有许多应用的方法，只是，必须是三道气圈的感觉明显了之后，才能随意应用。这之前，好好地盘拳就可以了。

第二个问题。如果硬要分的话，外在的形体动作一般都不会超过这八法，甚至，一举一动都会同时含有这八法，甚至还包括其他的八八六十四法（混合到一起了）。但是，所有的这些，对于内功太极拳来说，都是通过意的作用完成的，是通过裹挟的内气和外气混融着实现的。对于水性太极拳来说，则全部混到一起了，一动就是八，就是八八六十四。这其实只是一种划分和比喻，真正实施的时候，有意无意之间是不能分辨的——时间空间如何分辨？这就是十三总势，不可分才是正道，如同好的文学、书画一样，也是解释不清的。因此，我们练太极拳，不管什么门派，千千万万不要落在形体的八法上。也就是说，通过长期盘拳，要自然而然地让神意所锤炼的内外之气混合到一起。

太极拳并不是一下子把所有内容都学出来的，而是一个长期探研的过程，叠加着学，未来盘拳走架时，要联合运用之。

也许，正因为有了这个过程和思悟，我们对太极拳、太极文化才有真正深入的认识，并进而形成一生无怨无悔地追求之的精神状态。在这种状态中，太极拳自然能开发我们的智慧，启迪我们的人生，圆满我们的心性。

5. 在行拳走架时，出现什么感觉算太极功夫上身？

功夫上身是一个不断积累的过程，甚至是需要一生努力的过程，所谓的艺无止境啊！

一般来说，如果神意一动，内气就能被自然而然地催发出来；任何疾病都没有了；整体性比较好，在自己放松的情况下，老师或同道仅用一个手指轻触另一个人的手指，用神意的力量就能把对方或者自己发起来——整体地弹跳而起（因为自己是一个气团了，所以就像皮球一样）；当别人很松散、不用力地站着时，自己能用神意的力量，把对方散着的内气给凝聚起来，并把对方轻轻地催动起来；盘拳走架的时候，心无杂念，专一专注，注到平衡流通中，等等。具有以上任何一点，都可以说是功夫上身了。

当然，自身有一定的功夫，自己在练拳的时候好像空了一样（形体的力的因素没有了），也是一种功夫上身的表现。此外，能感觉到气的整体，对神意的把握比较符合“无意之中有真意”，或能很好地控制情绪等，都可以算得上功夫上身了。

更重要的是，对《太极拳释名》（详见本书第三章第一节）一文所表述的太极拳的三个名字都能彻悟其要义了，就更是太极功夫上身的表现。

性情温和，松散安详，自在平和，不偏不倚，不急不躁，恰到好处，五性圆满，这样的性情，才是功夫上身的真正指标。

6. 太极推手不是注重听劲吗？应该收发自如的，那么，为什么会产生误伤现象？是否一来是涵养问题，二来与当时带有情绪有关？

推手不是散手，也不是比武，因此，不能放到一起谈。

在散手实战的时候，如果对方没有功夫，就容易伤到对方，因为他的身体是散架的，像一块破布，一打就伤。所以，对不懂太极拳或没有功夫的人，真正的太极拳练家，实际上是不会和他随便交手的。

推手是门内交流。如果双方都走神意气，而对方整体性又比较好，有了功夫，身体内外就会是一团气，这个时候，打在对方任何一点，对方都会弹跳而起。

误伤发生的情形是：双方用散手，应对的时候，意气来得特别快——对方已经有了侵过来的念头（意气）。按照“意在先”的习惯，虽然他的形体没有动，但神意已经裹挟形体制约了对方，所以能发出对方，或击伤对方——松沉劲发出的能量，落到对方的内脏等部位。因此，不是情绪和涵养的问题，而是双方动作很快，习惯自然就会被带出来。

用太极散手进行交流或比武，其意气之快，是任何人都挡不了的。所以，古人才有真功夫“八不传”之说。

为什么太极拳前辈和人比武时很少出现“出手见红”的现象？因为现在是法治社会，“出手伤人”是要负责的，更何况真正的太极拳家都懂得“舍己从人”的真髓，所以，伤人的现象是比较少的。古代太极拳大家，实际上也很少伤人，他们是很文明的，否则和街头小混混有什么分别？

有一个故事。一个人不相信太极拳能“打人”，因此，听说我的一位恩师有真功夫后，纠缠了恩师半年，非要体会太极拳的真功夫，恩师被纠缠得无可奈何了，就随意轻轻用手一拍，结果这个人伤得不得了。伤了之后，恩师很是过意不去，主动负责这个人的医疗费。负责医疗费是小事情，关键是这个人很痛苦，恩师也因之经常自责。

心性太极学中的推手和对练的内容，主要是帮助双方印证太极拳架，帮助松身，特别是帮助松腰、松胯，练戒用力，更是为了增添学练太极拳的情趣——这是一种训练途径，不是比武。

我们应明确，修功夫是为了自身的提高，而不是让别人羡慕自己，因此“舍己从人”当是衡量功夫如何的最重要的标准。在这样的理念作用下，很多有修养的老前辈都会在推手甚至比试交流的过程中自然而然地示之以“弱”，而有些狂妄的人则会因此而自以为是，到处宣扬我打败了谁谁。

我还听一位老前辈说，就因为有的太极拳名家做不到在人生的很多场合下示人以“弱”，“舍己从人”，所以不能得享天年，甚至还英年早逝，甚是遗憾。我们应该以此为戒。

养生要旨

1. 练太极拳应当怎样控制性生活？怎样固精？

太极拳的理论基石和修真功夫的内涵来源于中华传统文化，因此，其对性生活的要求虽然不是很严格，但也提倡爱精、保神。按道家的理论，修真达圣必须经历炼精化气、炼气化神的过程。在这个过程中，精气会逐渐地旺盛，性欲增强，此时千万注意控制欲火。古代功夫家强调“春一、秋二、夏三、冬藏”的原则是有其科学道理的——若要往高层次走，人必须要脱离情欲的桎梏。

事实上，如果能把精化成气，使身体各部分得到气的充养，就会产生一种舒服的内在享受。达到一定层次后，这种舒服感和丢失精子后的感觉是显然不同的。这是因为把生殖的能量转化成了更高级的生命形式，生命运动的层次进入了更高水平。古人云“精足不思欲，气足不思食，神足不思眠”，就是这个道理。

在中国宋朝以前，对这个要求强调得不是非常严格；到了宋朝之后，北方道家清修派讲封闭、要禁绝，这才产生了功法上的丹道功，第一步就要求达到马阴藏相。这是受到宋明理学“存天理，去人欲”的哲学思想的影响而产生的。实质上，功夫练到一定程度的时候，如果精满自溢——精子在体内成熟多了、满了，自然而然地溢出来了，对成年人的影响并不大。当然，如果能够把它化开就更好了。这个化开有两个意思：一个是把性激素吸收回去；再一个，从现代医学来讲，精子在人体里面是能够分解的，分解之后精子的全息性回到身体里面去了，对人体是有好处的。现代医学发现，家兔在频频射精之后，脑垂体前叶激素中的酸、碱细胞变性，从而提前衰老。而没有频频射精的，细胞变性就慢，脑子的功能就得到了强化。所以，射精对脑垂体的功能是有影响的。这就是为什么练太极拳要节制性生活的一个原因。

有些肾虚和精气不足的人，反而容易欲火上升。在这种情况下，应当保持一段时间的戒欲，通过练太极拳使身体复原。立志探研太极拳真谛的人，一定要珍惜自身的体能。有的人既希望自己有很深的功夫，但是又过分留恋声色犬马的生活，这样的人也许名声很大，但连基本的健康长寿也做不到。历史上有的武术家就是因为这个问题解决得不是很好，所以留下了许多遗憾。

对于如何固精的问题，在赵壁尘的著作和黄元吉的《乐育堂语录》中有很好的阐述。

据我的一位老师介绍，其方法一般有以下几种：

（1）常练吸、提、撮、闭。一般遗精就是因为海底（会阴）缩不住，所以要经常练会阴收缩，用力收缩上提。这是最根本的办法。

（2）经常注意身形，用鼻子尖找会阴，并意想从百会往上提。

（3）睡觉之前，自己给自己加意念，意想会阴、肛门收缩得很好，让气从脚往上升，往头上导。

（4）睡觉之前，两手掐肾诀，用两小指把耳朵塞住，然后吸气，吸气时意念从涌泉吸到头顶，呼气时自然呼气。一般睡前这样练十几个呼吸，或练着呼吸睡觉，就会使遗精的次数大大减少直至消失。

2. 太极拳是否也有气冲病灶？

有的人会，有的人不会，关键看人，也看疾病的具体情况，有的病就没有气冲病灶。

此外，我们在意识里不要有气冲病灶的概念，不要把气冲病灶当成一个了不起的事情，这样，就会减少或者避免气冲病灶的情况发生。

不过，有时生理上气机的转化会引起病灶的变化，还是会产生气冲病灶的情况。如果出现这种情况，第一，不要害怕；第二，到医院检查，让自己放心；第三，强化太极拳，特别是内功太极拳的演练。

3.“逆水行舟”只限于对疾患的改变吗？逆水行舟和顺其自然应该怎样运用？

曹文逸在《灵源大道歌》中这样写道：“此非一朝与一夕，是我本真不是术；勤苦之中不勤苦，闲闲只要养元神。”

“逆水行舟，不进则退”应贯彻在日常生活的始终，哪怕你不刻苦都没有关系，重要的是坚持。关于坚持的学问，可以通过这个歌诀体悟。

逆水行舟是一种比喻，主要是指让人持续不断向前努力的精神；而顺其自然，指的是精神状态或锻炼时所保持的状态，是一种境界。

逆水行舟和顺其自然要辩证地统一。

4.刚开始学练太极拳时，有一段时间，我的膝盖、脚踝酸胀，好似不能着重力，整个人只想躺着，也挺能睡，同时食欲特好，好似要长个儿；此外，有两天内心里特别不想练，不过我还是坚持练了，挺过去了就好了。现在我的脚不酸了，食欲也控制住了。不过我有点不明白的是，我的一个同学练内功太极拳，便秘变正常了，而我却由原来的每天定时排便变成不定时，且量也不定。

膝盖、脚踝酸胀，是因为我们每次学练三个多小时，有一定运动量的缘故。有的时候，随着内气在身体里的混化，内气会充溢到头里，此时，有的人就会出现不想练的念头，这是因为你的感觉思维在神意气的滋养下，自动调整内心的潜意识，这样，潜意识就会自动浮现出一些细腻的感觉。你采取不理会“不想练”

这个想法的做法，还是很有必要的，坚持下去，再练拳，就会体会到更多的乐趣了。

如果大便不定时，不要害怕。

第一，有时间多练习八卦走转和太极混化法，练一段时间，可能大便就会定时了。

第二，“意在先”，主动给自己加一个意念，让大便正常、定时就可以了。

第三，通过意志力使自己形成大便定时定点的习惯。

太极文化与人生修养

1. 比武争高低，从大的方面来讲，违反了“舍己从人”的原则。这在高境界上肯定是没错的。但太极拳本身是武术，如果杨禄禅不去找人印证武学，让人认识到太极拳的神奇之处，太极拳就不可能像今天这样有这么大的影响。如果一味否认其解决对立矛盾的根本属性，有人会说阉割了太极拳。而且，太极拳在各阶段要完成的目标是不同的。基于这样的观点，我们应如何理解太极拳与太极道这不同境界之间的一些明显差异呢？另外，“舍己从人”在高级境界上应该不是一味去顺从别人而不去解决矛盾吧？在解决矛盾的过程中自然也就分出了高低，否则，就是不战而屈人之兵了。

修道本来就是道家太极门的要义，包括道不干政、道不演示等，其中，还有传承“八戒”等戒律（到了世俗层面就有了“八不传”之说）。太极拳本来就是修道的方便途径，人们所惊异和向往的，却往往是其所显露的武功境界。我在这里并没有否认太极拳的功夫境界的意思，而且本人也多次领略过其中的神奇内涵。然而，如果过于突出其技击内容，就违背了太极拳的本质内涵和本质规律，违背了本质内涵和本质规律，就离太极拳的真谛越来越远了，就会找不到太极道的生命走向。

我的第一位老师（他的杨式太极拳老师是汪永泉的大徒弟朱怀远）、第二位老师铁恩方先生（程式八卦掌第五代传人，本人的师爷）（铁老经常和朱怀远老师的四子揉手）、唐老（经常和铁老揉手）都不主张去比试高低。从道入手，以下各个层次的内涵都能出来，然而，追求形得形，追求术得术，追求道，虽然也许不能得道，但肯定能得术功、拳架啊！太极拳真的不仅仅是你说的武术，在古代，它可是和丹鼎门、剑仙门并列的太极门呀！其传出来的部分内容，逐渐演变成我们现在俗称的武术了，但是，太极拳的本质特征是修道。

为了技击而学太极拳，凡是本着这个目的来的，老师都不传，甚至都不会给你展示功夫。所以，一般人也就没有机会领悟更高境界的太极拳绝技了。

太极修炼者的“舍己从人”主要体现在做人做事上，体现在对待名和利的态度上，这其中，体现在功夫上就是“意在先”。这个“意在先”并不是比试，而是明了对方的状态，既给对方留有余地，又让对方感觉到自己已失去了先机，等等。

真的，太极功夫的奥义很深。比如杨禄禅（杨式太极拳创始人）和董海川（八卦掌创始人）比武，许多人说比了三天三夜，实际情况却是两人聊了三天三夜。因为功夫到了一定程度，真就不需要比了，对方怎么样，一见面就能知晓啊！有些初学者或者爱好者，凭想象纠缠着用拳架比武，以决胜负！有些前辈被纠缠得没有办法了，得，就来一个“发出丈外”吧。我听一位老师说，如果来了一个有功夫的人，进入“神明”境界的人，即使在千军万马中也能知道这个人来了。所以，道家太极门的人很少在外显露功夫，因为太极道之得道者是超越常人意识参照系的，不是我们所能想象的！

现在人心不古，有些武林人士并不按照武林规矩来做事，也没能按照传统文化的道之规律来约束自身，因此，实际上真正的太极拳之技击功夫已不适合提倡和传授了。我有一位朋友，一旦要教弟子、学员学习太极拳的实战，很多弟子、学员就被吓跑了，因为，他们害怕，不敢体验如巨浪震荡在身的感觉。还有一位师兄，功夫很好，喜欢找人比武，本来是推手，但他总用散手，结果往往获胜，一来二去，各个拳场的人都对之“嗤之以鼻”，说他是“狼来了”，还告到师父处，弄得师父很尴尬。因此，我不主张太极拳往武上靠，因为麻烦太多，所以，还是往养生、修道上走更好。现在的情况是，当代人恭敬心、清净心、慈悲心已越来越稀薄了，所以，作为我辈的太极传承者，应该多提太极道，而少突出其技击效应——感兴趣的人，好好练推手，多进行门内训练。记住，推手不是比武，而是提高功力的一种训练。否则，不仅会影响社会的和谐，而且也从根本上违背了太极拳“舍己从人”和“中正安舒”的要义了。

虽然真正的太极拳仅仅在有为境界的功夫就超出了许多人的想象，但太极拳还包括有无境界、无为境界的内容，因此不理解的人就更多了，而没有了后两个境界，太极拳的真正魅力就会大打折扣。

在科学昌明、人文精神高涨的时代，练太极拳的目的一定不能陷入和他人比试高低上，津津乐道于自己曾经打败过某某人。我们应通过太极拳、太极功、太极道的熏陶和锤炼，多反求诸己，多问一问自己，在宁静专一的境界和对生命本质的认识上，是否比从前有所进步；在为国家和社会贡献心智方面，是否比从前更有智慧和能力；在传播太极文化方面，是否能有所建树；在帮助别人身心健康和开启智慧方面，是否福泽更多的人。

这才是我辈所倡导的国学和太极拳互参的根本要义啊！

2. 我从小体弱多病，故少动而多静，没事就看书，对传统文化兴趣较浓，有一定的修养。从小便不擅长竞争，也讨厌那种

赤裸裸的争夺，因此在生活中竞争力偏弱，好不容易才拿到的利益很容易便被人拿走，虽然已习惯此事，但心中仍有不平衡感，有压抑感，觉得很容易受外界伤害，也不热衷于与人接触沟通。我有一些困惑：是否要积极一些入世，积极地去竞争，但这不符合自己的理念及自身条件，也不符合太极拳“舍已从人”“不丢不顶”的原则；或者更豁达一些，空乏其身，以求“大无大有”，但心理上总有不甘之意，不符合“舒适”的原则。因此，精力长时间为此消耗，进退维谷，影响情绪之稳定，应怎样应对？

第一，国学的精髓并不是不入世，而是修养到了一定的水平能更好地入世。儒家的入世就是“洒扫应对”。太极拳的入世要“意在先”，要“应物自然”。但是，如果为了自己的私利去入世，就违背了中华文化之出发点。入世是为了创造快乐与和谐，是为了自身境界的提高和“治国平天下”，为了造福百姓，所以，这样的人就不会有不平感。如何践行呢？关键就是“道律身心”。建议诵读《心经》《太极拳论》《道德经》等，或阅读笔者所著《健康成功学》中的相关论述。不要把《太极拳论》仅仅当成太极推手的方略。《太极拳论》的实质也是关于人生境界的，内心烦躁的时候诵读，或养成习惯，每天诵读半小时。不要求理解，只要求有一个诵读的过程，这个过程是让自身进入精神专一境界的过程，是让诵读时的吐字发音来激荡脑细胞，让其内在气机获得有序化的过程。这个过程日久，则必然受益。

第二，问一问自己，最感兴趣的事情是什么？自己所追求的是不是金钱或各种财物的积累？自己所追求的最大快乐是什么？自己做什么样的事情才能一生不后悔？等等。问清楚之后，让自己选择一个一生都不动摇的事业，当然，选择自己愿意用一生时光沉湎于其中的爱好也可以，比如太极拳修炼等。但是，做这个事情，不要去问是否成功，而是要问自己是否快乐，是否健康，是否幸福。

第三，每周去做一次义工，比如去帮助自己的亲人、敬老院的老人，到父母家干活，或者去自己经常学拳的拳馆帮助打扫卫生。付出才能有精神上的收获和充实。

第四，每季度写一篇有关学练太极拳的体会的文章，总结、归纳自己的所学，这样，提纲挈领的能力会不自觉地得到提升。

第五，情绪特别不稳定的时候，高声背诵《道德经》等典籍的片段，然后非常快速地练“太极面壁蹲墙法”“太极松腰法”等太极功，让往头里面冲击的气血舒缓到脚上，或匀布周身。如果学过水性太极拳，则可反复练水性太极拳的起势，让水势的激荡冲洗掉心中的块垒，这样，就能很好地缓解情绪。

第六，对单位的所有人事纠纷都不去参与，每天做好自己的事情，多参与单位的文体活动或社会上的学术交流活动等。

第七，“全体透空”的内涵，就是对于一切名利、地位、金钱等不动心，也就是“货利位名，不动于心”。这既是对修道者的要求，也是每个太极拳修炼者应努力的方向。

第八，每两个月跟谈得来的朋友交流一次。

3. 您曾经写过一本《太极拳发展简史》，但是，对很多门派的事情并没有作深入的阐述，能不能把每个门派的发展史都写出来呢？趁老一辈还在，有些历史能澄清是最好的。

作为从道的层次入手的太极拳功夫来说，名利、功夫高低、学过或没有学过，都是空的。

空了，没有了分别心，才会有真的出现——真空生妙有。

从学术考证的角度看问题，这是学究们研究的事情，与道无关（甚至是道的障碍），与我们无关（甚至会影响我们获得太极真谛的进程，主要是会把人的思想意识搞乱）。我比较倾向于把太极拳当成优化生命的一个途径。

我所撰写的《太极拳发展简史》一书，只是为了给学员提供一点太极拳的基本常识，因此，梳理的相关史料还很粗浅、简陋。在此书中，并不去作什么唯我独尊的考证，而是提出太极拳各门派共存共荣的历史大趋势；阐述太极拳之核心修为永恒不变——理唯一贯；拳之外相千变万化，因此，才门派众多。我们要突破门派之外相，找到太极拳永恒之精微、经纬——不增不减、不生不灭、不垢不净、不争不败、不前不后、不得不失。

4. 太极拳要求精神内敛，意在形先，心静。我性格内向，谨慎偏保守，口才欠佳，表现力差，不大会营销自己。比如我与您在信中沟通尚良好，但若真的见面，就怕沟通、表达起来会不理想。练太极拳日久，应该是会影响性格的，所以我的疑虑是：经过太极拳的修炼，是否会强化我的这些缺点呢？

练太极拳久了，是可以改变性格的。如何改变，就是要“意在先”，有了改变的愿望才有改变的行动。作为太极拳爱好者，你可以教几个人练拳，在教的过程中，表达能力和沟通能力自然会获得提升。而且教拳的过程，是一个教学相长的过程，这对老师性格的改变可能更深刻一些。

怕表达不好，主要问题就是自己的心态，这是过分看重别人评价的表现。其实，大可不必如此。练拳实际上是为了改变自己的懦弱性格。这方面不改变，则必然对太极拳的理解有偏差，甚至有可能对太极拳丰富的内涵“视而不见”，更谈不上用太极拳之理克服自身的缺点了。

日本有一个关于拳师的故事，他平时教拳或和别人比试，总会占上风，但是，一到正式比赛时就失败，甚至连自己的徒弟都打不过。他很苦恼，就去请教禅师，禅师让他想办法提高心理素质。结果过了几年，他的心理素质提高了，再参加比赛，就很少失败了。

练太极拳练得再好，如果心态上不能做很好的调整，则无法进入很高的境界。当然，如果练拳不是定位于比武，而是用之改变身心状态，则除了研究拳理和练拳之外，最好的办法就是教别人练拳。

附录二

生命中的绝响
——恩师王壮弘最后的日子

一

2008年12月27日凌晨2点，恩师王壮弘先生辞世。

前一天晚上，在香港九龙医院里，我是最后一个见到他的学生。

12月26日19时，我匆匆忙忙地赶到医院，带着刚刚出版的简体版《上善若水——王氏水性太极拳讲记》一书。当时，汤金石师兄正陪伴着老师。

简体版《上善若水——王氏水性太极拳讲记》是恩师最希望看到的著作。这本书，他本不想出版，然而，一旦决定出版了，

与恩师——水性太极拳创始人王壮弘先生在一起

依然希望能早点看到。

圣贤述而不作，师兄杨云中和笔者深知恩师的甚深思想，如果有幸听闻却未能诉之笔端，未能让更多人沐浴之，则不仅是我们做弟子、学生的损失，更重要的是中华文化的损失、太极智慧的损失、太极拳的损失。

也因之，师兄杨云中和笔者发愿，要把老师晚年讲课的内容整理出来，从而让“无法可说，不说而说，不得不说，说亦未说”的太极真谛、佛学真谛、中华文化真谛，能如佛经般如是我闻地流传下来。好在师兄杨云中有心，每一次听课都录音录像，五年下来，也有数百盘光盘了。这样整理下来，不会失真。

杨师兄反复动员恩师，恩师终于同意出版此书。

进入出版程序后，恩师多次询问，希望早点看到此书。于是，在繁体版和繁体精装版《上善若水——王氏水性太极拳讲记》出版之后，恩师最大的心愿，就是能看到内地的简体版。

恩师拿着书，一页页地翻着，好像天地之间只有这本书了，好像墨香的味道能浸润肺腑，净化身心。

恩师悟觉太极智慧，以太极文化立身立事立言，以太极功夫外显，从而名震中外，虽然碑帖、书法等著作等身，然而，他最看重的，未来能给予人们最多启迪的，未来能给予人们最多帮助的，和儒学、道学、佛学惺惺相惜的，道统不失本具俱足的，就是这本他口传心授的文字记录了。

二

我们整理了两年多，本应早一点问世，然而，需消化理解了之后才能整理成书啊。于是，在大前天繁体精装版问世后，今天这本比较全面的简体版终于送到了恩师手中。

恩师看着，用手抚摸着，一页页翻着。看着看着，他突然发现，简体版少了杨云中的序，就问我为什么把听课的主要对象——杨云中的文章给删掉了。我说，这是出版社的意见，他的文章太长了。

汤金石师兄告别恩师，早走了一步。

恩师继续和我聊天，他说，我要为你所创办的《太极文化》杂志亲自写一篇文章，我要写出最后一篇《三论本具——本具的普世价值和甚深内义》，这篇写完了，就完完全全地把太极智慧和所有人的生活的关系论述清楚了。他还说，如果我写不了了，我口述，你替我写。

我诚惶诚恐，不敢应承。恩师的文笔，古拙内敛，濡染庄子、孟子、《史记》、《圆觉经》、唐宋诗词、明清随笔、碑帖的风采，沉郁大气，杂糅阴阳，每一篇都能在人心中激荡起涟漪，激荡起回响，拓展出新的视野。

恩师说，你要好好推广太极拳，太极拳是中华智慧拳、是武拳文练的智慧。

恩师又叮咛："以后，杨云中代表我，你代表我，你们就代表我。"

没想到，这是恩师最后的遗言。

没想到，这是恩师生命中最后的绝响！

我、何医生和师母，给恩师盖好被子，然后，恩师催促我们离开，已到了探视结束的时间，我们只好离开。

我回了一下头，老师左侧卧着，背对着我们，挥了挥手——很洒脱、很自然、很舒适——就这样告别了我们……

三

我算是最后见到恩师的弟子之一了。其实，我也算是恩师最后的学生和弟子了。

几年前，经师兄的引荐，我多次坐飞机从北京到香港来听老师的课。听着听着，我觉得，这是真正的善知识、大智能，如果错过了，是我终生的遗憾。如果能长期聆听恩师的教诲，在太极文化和太极智慧之路求索的我就能少走弯路，就能真正寻到回归太极本性的路，就能开启自己本具智慧的大门。

于是，我毅然辞掉了北京《中华养生保健》杂志首席编辑的工作，转出自己北京的公司，来到了香港，目的不是挣钱，而是来听善知识的教诲。

也因此，有了每周二下午4点的机缘——和恩师的机缘。每一次，恩师都静静地端坐在书房中，边看书，边等着。我们到了，恩师就开始宣讲。

四

到恩师家中上课，是一种福分！

初到香港，恩师就到外边请我吃饭，亲自为我夹菜、倒水，像慈父一样，然后，用慈祥的目光静静地看着我。他自己却吃得很少。

每次听课前，师母都把茶沏好；听课的间隙，还能吃到师母亲自做的包子、点心等。

到恩师家中上课，是一种享受。

聆听中华道统文化的真谛，是有意思的事情。当代人被西方文化同化很久了，失去了由内而达外的智慧，看待任何事情和知识，总在外相上转圈圈，或就事论事，或被物欲迷眼，不能透彻到心灵的精微处，因此，对自己做不到的事情，就不再相信、不能理解了。

恩师讲课的时候，能体察到任何动静。比如，我们的手轻轻动了一下，恩师马上就知道。太极的神明境界，不过如此吧。

恩师说："真正的中国功夫，就是这样的。有的老前辈，坐在屋内，不仅能听到屋外的脚步声，而且，是谁来了都听得出来。"

五

老师做任何事情都认真，因此成就无限。

书法——中国书法家协会第一届学术委员；

碑帖——数部著作展示了其在碑帖领域数一数二的风采；

文物鉴定——数个国内博物馆因为他的鉴定，文物重新排序；

出版——因长期从事出版工作，获得过国家级（新闻出版总署的特别嘉奖）奖励；

周易——周易研究室主任；

佛学——阐述之深刻，与佛境相同；

武学——参加过世界武术锦标赛，获金奖，独创了大名鼎鼎的水性太极拳；

收藏——很多画都是流传了上千年的，特别是其中数幅画，人们几乎从来都没有听说过；

教育演讲——在香港中文大学、新加坡国立大学、美国东西学院等处传授中国文化，引起了广泛的轰动，碑帖著作被日本的大学采用为教材；

太极拳及散打——经常和世界各大洲的武术家进行交流切磋，几无败绩；

诗词——清末诗坛四大公子之一的陈病树的弟子；

艺术——大学时期研读电影专业；

写作——在《书法报》等报刊发表过很多文艺随笔，还公开发表四篇有关太极拳的论述，几乎每发表一篇都引起强烈反响。

…………

恩师在很多领域的造诣都是创造性的，都是独家的，因此，他被誉为专家中的专家，大家中的大家。

恩师参加首届“世界杯”武术锦标大赛专家组的比武，和世界各国带队的教练们比武，基本上是两个回合对方就弃权，于是，恩师创造了不战胜别人而获得胜利的奇迹，获得了最高金杯奖。其实，这正是王道精神在太极拳搏击上的真实体现。只是恩师这种不战而屈人的髓核，似乎已成为千古绝响，很难再现了。因为，在有界、有为境界里打圈圈的人们，终其一生，也不可能做到这一点。

恩师表演太极剑时，看起来剑身在飘、在动，然而，恩师练的不是软剑而是铁剑，这让当时的总裁判长及很多观众百思不得其解。总裁判长赛后还专程到恩师身边，取过剑用手掰一掰，惊叹不已。我请教恩师，恩师说，因为身体是水了，所以，铁剑就如木块被扔到大海里一般，随着海的鼓摩激荡而起伏翻转。

恩师很少看古装的电视连续剧，他说，里面很多内容都糟蹋了中华文化。比如，林冲献刀，不能横着递刀，这是常识。

恩师看到我编的一本书，一眼就看出所选的碑帖是仿写的；仅仅看了一幅画的一角，就知道水平如何。

同样，看来访者的功夫，从来访者一进门就知道此人身上有几十处没有放松。因此，不用搭手，不用比，太极功夫就已印证完毕了。

这样的人，还能再来吗？

这样的人，隐在闹市无人识啊。

当香港的媒体津津乐道于明星八卦的时候，恩师手持一卷佛经，进入清净觉地、圆满十方之境。

循诸性起，缘起性空。

六

整理恩师的口述实录时，恩师多次强调，太极图一定不要配错了。

太极图是中国人认知世间万物的符号。通过这个符号，我们可以认知宇宙的运行规律。

很多太极图，在恩师看来，是错了、变异了、被改造了。原因何在？因为大多数人是从世间法的角度，就着图文解释图文，而并不理解太极的本意和本质。

太极，天地运行的真理。古圣先贤恐怕后人不理解这个真理，因此，借助这个图来表述之、启迪之。太极图是中国人的一个假说，这个假说一旦通达了，则智慧和境界必然和从前不一样了。如何不一样，说不清楚，只好画一个图，给这个图起一个名字，谓之太极图。但是，古代这个假说，当代人不知晓其真意了。于是，道统失传，本真失真了。

太极图——日正为是，正大光明。这就是太极图的真意。恩师反复强调之。

太极图告诉人们，身心要和谐，智慧要圆满；告诉人们，如何做到调和自身的生命活动，使之进入太极图所表达的阴阳中含三为一的正大光明境界。

恩师用自己的生命之光、智慧之光，告诉我们太极图的真意。

一生中，恩师每天都过着文武双修、阴阳相济的生活，练文累了，就用练武来调剂；练武累了，就用练文来调剂。

他一辈子活出了两辈子的精彩。

我辈能否也这样，阴不离阳，阳不离阴，阴阳互济，以文武双修的生活方式，拓展我们的人生。

本来如是，本当如是，本该如是，本能如是，本身如是，本具如是，法尔如是。

七

恩师有一天告诉我们，真正的太极拳是没有传下来的，传下来的只有太极拳的身法和外相。身法是虚灵顶劲、气沉丹田、含胸拔背、开胯扩膝等，太极拳的外相即某些流行的太极拳架。

老师强调，学拳的第一课，要看看自己身上有了哪些，然后把这些有的东西删除；身上没有的，建立之，建立了之后，再删掉。目的是见相破相。

要明了正确的太极拳修为路径——名、相、妄念、正智、如如，这是学太极拳的正确途径，要一层层突破。

要明了太极拳的内涵：八门五步，其大无外，其小无内。这些内涵，从大自然中可获得启示——鹰如何飞起来，蛇如何吞象，反复观察，就会获得真知，这是真正的道法自然，作用到身上，才算是太极功夫。

怎样入手？先建立名、相；通过什么建立？妄念。所以，练拳要用意——此意非用意，乃名用意，也就是要无意，无意非无意，乃真意。如果出来真意了，就是正智；达到自由的境界，就是如如。当然，这也是比附的说法。

数百年来，我们所看到的太极，或者我们所以为的太极拳，不是真实的，是幻相。但是幻和真一体两面，不可分离。没有幻，哪来真；没有真，就没有幻。

我编《上善若水——王氏水性太极拳讲记》一书，原本要把恩师所练拳架也做成图谱，编进书中，恩师说，不可，我们出书，不要在诸多名相中再建名相了。

八

数百年来，中国文化沦落，龙的文化——太极文化的思维模式已经几无可闻，更不用说看到了。于是，内涵深刻的太极思想丢失了。如果我们不把它找回，就意味着，我们是历史的罪人。

这种思维模式如果能接续上，则太极的真谛就会悟到、觉到！

不过，话说过来，我从恩师身上看到太极的真谛并没有失传，失传的是人为的心法。真理怎么能失传呢？真理必须一代代人来发现之、接近之、认识之、感悟之、体察之、认证之。

一代代的太极学人都希望获得前辈的太极传承，但传承的是相啊！就像佛经，也是没有传下来！要不然释迦不会说："传法四十九年，未说个字。"太极也是如此，不管老师如何传授，太极也是一个字没有传啊！

太极是时间的空间，空间的时间——还用说吗？如是如是。然而不传、不说，不好理解；说了、传了，也是等于没有说。要靠自己来拨开云雾、清扫心房、打开眼界，这个时候会发现，太极原来是它——本来就在自家身上，本来就在那里啊！

太极就是这件事情，很圆满，很自然，很圆通，很大度，很有气质，很有内涵——用之不费心机，自转、公转、大转、小转、起伏转、升降转、开合转、螺旋转、极微转、立体转、超立体转，事物就是这样的，一定有转机、一定有生灭、一定有无常，但太极、佛性、道心、主人翁却是不生不灭、不增不减、不垢不净的。

太极并没有失传，失传的，是我们求道的心，失传的是我们中国人的思维方式——含三为一的太极思维模式。

太极并没有失传，毕竟遗传信息传承几千年、几万年、几十万年啊！有识之士，终究会碰到太极的，终究会发现太极的，因为，太极就在那里等待着我们。

恩师就是太极。他以太极书写传奇，就是告诉我们：太极没有失传。

只是，我们能从恩师八十一年来那来去匆匆的脚步声中，感受到太极的真谛吗？

九

恩师住院了。我不相信恩师会住院。虽然如此，我不得不相信恩师住院了。

我去看恩师。

恩师看到我，眼睛一亮，手抬起来，喊着我的名字，抚摸着我的脸颊，说，你的功劳最大——把书出版了。

住院的恩师，依然叮咛着我们：一定要做到虚澈灵明、圆融通摄、清净圆觉。他还给我们背诵《圆觉经》的片段。

《圆觉经》，这是恩师在人生最后半年反复给我们讲解的。恩师说：“我悟得太极真意，凭的就是《圆觉经》，这是最好的老师。”

佛、道、儒，恩师从不分开来说，但是，如何悟，每个人机缘不同，《圆觉经》是恩师悟得太极真谛的机缘。

恩师生命的最后时刻到了。我们不知道。

恩师也许知道。他多次暗示我等，要尽可能多地提问题。他说，再不提，我以后不在了，有了问题找谁呢？

学太极非学太极，乃学中华文化。不明心见性，学法无益。学太极，不是为了战胜别人，而是为了放下，让自身圆觉、圆满、圆融，开启本具的智慧。恩师如此说。

在医院里，恩师还惦记着弟子们的功夫修持和悟觉的状况。

恩师对我说："某某现在悟了很多，不过，还有一点点需要我点破，我现在不说。等他把几本佛经彻底悟到身上之后，我要告诉他，把佛经都放下。"

老师、恩师、先生、师父——所有的称呼，都难以表达我此时此刻的感情。

我最后见到恩师的时候，他思维敏捷，面容慈祥，没有一丝一毫的痛苦。

十

一个和释迦牟尼心灵沟通的人，一个和老子谈玄论道的人，一个和孔夫子倾心论仁的人。

一个揭开太极拳无敌于天下规律的人，一个慈父，一个严谨的学者。

就这样离开了我，离开了我们这帮学生，离开了今世的我们和我们未来的日子。

一个难以挽回的损失，一个不可复制的传奇，一个在很多领域达到普通人穷尽一生心力所未能达到的高度。

中国文化失去了一位真正的大家，一个智者，一个圣贤，一个文武双修的集大成者。

现在还不知道，失去了这样的学者，在未来寻求太极真谛和中华文化真谛的道路上，我们会多么的寂寞。

这段日子，我一直在想，《三论本具——本具的普世价值和甚深内义》到底会写些什么呢？

或许，我要用一生的时间来体悟之。

但，可以印证的人，却不在了。

蓝晟　写于香港

初稿：2008年12月27日晚

修改：2009年3月15日

附录三

蓝晟：文武双修，太极人生

传播太极真谛　内涵别有洞天

太极拳这门学问，除了可以养生和保健外，也可以在提升领导力、执行力及管理思维等各方面发挥作用。资深太极文化推广者蓝晟说：“太极文化是通过太极拳功夫的修持和体悟，来开启人的本具智慧的学问，太极智慧对职场的人有很大帮助，除了在改善健康、安宁心神等方面别有洞天外——能产生连中西医医生都感到吃惊的效果，甚至在管理思维、日常生活方面都有提升，绝对适合节奏快的当代人。”

蓝晟师父在这方面深有体会。

讲学传拳亦写书 含三为一归太极

在弘扬太极文化上，蓝晟师父不遗余力，除了于内地、香港等地作推广外，早前还应意大利驻中国大使馆、意大利体育运动协会和意大利文化协会的多次邀请，做过“太极风水与中华文化”等系列讲座，从太极智慧的高度诠释风水，直指根本，既简单又实用。意大利邀请方第一天听蓝晟老师讲课，说，这是真正的中国风水；第二天听课后表示，蓝晟先生讲得深入浅出，化繁入简，使我们能听懂；第三天听课后反映，真没有想到蓝晟先生还教给我们这么多实用的方法，对我们帮助很大，有的人的身心和家里的风水，当天就获得了改变。

蓝晟师父不是专业风水师，为什么对风水也有研究？蓝晟师父说，因为阴阳思想就是风水的活水源头，以前搞风水的被称为阴阳先生，这是太极智慧在风水中的应用。

太极智慧用在中医领域，就是虚实、表里等中医辨证论治思想；用在治国理念上，就是和谐社会思想；用在企业管理上，就能含三为一，有效调整总裁、员工、中层领导之间的关系，使之能很好互动，从而为企业长远发展奠定基础。

蓝晟精力充沛，看得出练太极拳对他自己身心健康的提升很有帮助，因此，他在很多方面都有建树（均围绕着太极文化、太极智慧、太极养生展开）。

创立品牌传智勇 推动国学与太极

由于蓝晟师父曾在北京创办颇有影响的北京混元文化传播中心，众多学员亦希望能得到蓝晟师父的长期指点，为此，蓝晟老师在香港创办了智勇文化学院、东方文化出版社（面向港台出版国学、太极拳、中医养生、教育类书籍），在深圳创办了深圳智勇文化传播有限公司，并运营了智勇国学院、智勇书院、心太极会馆，招收全日制和业余制的学生，努力恢复在中国流传至少几千年的文武双修道统——宋朝之后逐渐偏于文了，武道沦落；清朝以尚武精神立国，康熙、雍正、乾隆三代喜欢中原文化，中原文化和尚武精神结合，才有康乾盛世。

丢失了这种道统，汉唐时期、清朝中前期之昂扬向上的精气神就很难再重现。

源远流长的中国文化，其形而上的部分为国学，国学的核心为太极智慧（太极拳为其印证之学）。太极是中华的核心智慧，由伏羲、尧、舜、周文王、孔子等创立（画太极图、八卦图，推演八卦，注解《易经》等），并经老子、庄子、周敦颐、朱熹、张三丰、王宗岳、杨禄禅、王壮弘等圣贤传承，最终形成中医、风水、书画、丹道、太极拳等关乎中国人身心性命的大智慧。这种大智慧，是整体为本、混元一体、得一万法毕的大智慧——蓝晟师父统摄这种大智慧为智勇文化。

可惜的是，这种大智慧已少有人知了。也因之，流行的国学班大多在传播国学知识、国学学术，没有一气贯通的内容来提纲挈领；太极拳班则满足于动作招法的传授，失去了太极智慧的统领和内功心法的内涵，缺少中华核心智慧的统帅。

智勇文化乃躬行圣贤之道的学问体系和生命体认。

智，乃参照系、思维模式、知识、人生阅历共生互济而凸显出来的事理不二、体用合一的境界，是恰到好处、过犹不及的状态和修为。

勇，乃元气淋漓、生机盎然、气血流通的担当、承担、勇毅、精进之意，是放下、无为、流通、返本，是本具之自然天性的凸显。

文化，乃以智慧之光和勇于精进之心，一门深入、十方熏修、含三为一、阴阳相济、平衡流通、以文化愚、明心见性。

智勇文化是站在儒家入世角度提出的理念，亦可称混元文化（道家视野）、圆觉文化（释家视野）。圆融无碍方为智勇。

智勇文化主张通过家教、私塾（学堂）、书院、师承、游学等五种教育途径，帮助更多人建立中华文化——核心和外相相互融通、本立道生的思维参照系，并以充沛的内在能量（神旺、气足、精满），内求本具（反求诸己），由内达外（撞破虚空），恢复、回归、皈依真正人类的本质。

智勇文化以儒担当、以释经天、以道纬地、以医济世、以武铸帜，精进为要，调和为本，因缘和合行事，以“仁者无敌”的心态，实现生命领域、经济领域、社会领域的自由自觉自主自控。

文武双修，才能为生命优化提供生生不息的能量和信息！

智勇双全，才能为回归本具提供究竟真实的底蕴和气度！

文以国学立人极　武以太极定乾坤

蓝晟师父说，太极智慧用在武学上，就诞生了烁古耀今的太极拳，并创造了别有洞天、和任何拳种都不一样的练法、用法、打法——不用力、舍己从人、自然无为、正反扭环、翻动扶摇羊角、意气之功、神意气和形体互动等心性修为，并让学练者收获多重效益。根据职业不同，其效益也各有侧重和不同。

文武双修30多年的蓝晟说，太极拳的核心内涵，是上善若水、四两拨千斤、先天自然之能、出世间上上智、含三为一（儒、道、佛；太极拳架、内功心法、太极道等）等人类生命智慧的精华。他指出，经常练含三为一式太极拳和太极内功，效益惊人。不仅对现代人普遍存在的神经衰弱、风湿性关节炎、前列腺炎、颈椎病、便秘、肥胖、糖尿病、高血压、心脑血管疾病等有很好的预防和康复作用，而且能有效地缓解压力、修正性格、改善睡眠、稳定情绪、增强精力、开启智慧、优化生命。

跟蓝晟师父学拳两年多的68岁的李清泉表示："我患有前列腺炎和糖尿病，所以很早便四处寻医，也接触过流行的太极拳套路，但见效甚微，经常感冒。后来学练了内功太极拳，前列腺炎很快就好了，每天起夜从三四次改善到一次。再没感冒过。原来体重165斤，现在减下去20多斤；血糖也稳定了，胰岛功能好多了，偶尔不吃药或者不打针，血糖也不会再上升了，现在我已不服药了。"

更多慢性病人或者亚健康人群，通过跟蓝晟师父学练太极拳，身体得到了康复，甚至还练出了一定的太极功夫。蓝晟师父的学生中，有两个还获得过全国太极拳比赛的金牌呢。

其实，蓝晟师父推广太极拳，并不把落脚点放在如何打败别人上，其目的是战胜自己，战胜自己的妄念、杂念、贪念、惰性等。达摩曾说过：欲明心，须先强身。而太极拳，则为强身和明心提供了可能。历史上，众多太极拳大家其实也是明了心性之人，因此，他们才达到了传奇般的功夫境界。

太极拳为什么能有这样的效应？蓝晟师父说，一言以蔽之，向内求之，使精神、意念、内外之气和形体招式阴阳相济、身心灵互相滋润，如是，人的生命活动就会获得整体的改善和提升。

记者问蓝晟师父：国学与太极拳——心性太极学的终极目标是什么？蓝晟师父毫不犹豫地回答道：一以贯之，因缘和合行事，帮助更多人通达文史哲、象数理、拳功道、禅武医，智勇归仁、混元整体、圆觉无碍，实现生命领域、经济领域、社会领域的自由自觉自主自控。

香港　卢健辉

后记

为有源头活水来

一

1981年，我在中国的极寒之地大兴安岭生活。7月的某天，在新华书店偶尔购到刚刚创刊的《武林》杂志，上面连载了金庸的武侠小说《射雕英雄传》。至今，我还记得第一次读这部小说留下的心灵震撼，这就是：惊心动魄，令人神往。

我暗暗下决心，要修习功夫，也要写作。我期望有一天，既有很高的功夫，又写出能给人以启迪的书——我希望自己成为文武双修的人。于是，我自学或拜师学练了醉拳、小翻子拳、小洪拳、少林五行八法拳、八步连环拳等武术套路，以及马步桩、朱砂掌、内劲一指禅等武学功法；开始撰写散文诗、报告文学，很快，散文诗就有多篇被《散文选刊》转载，并成为中国散文诗学会的会员。

文武双修之路，注定充满艰辛。说是艰辛，是指文武双修、智勇双全的思想理念，在当今时代，对于我来说，是一个几无可能实现的理想。上当受骗不说，最关键的是，错过了修学或践行文武双修的最佳年龄段——整个青少年时代。还有，无奈地生活在学科划分越来越细的时代——学科划分越多，离真理大道就越远。

1993年，我觉得，如不下决心凭心意和曾经立下的志愿去上下求索，自己终究会一事无成——就像艾略特诗中写的，成为“脑袋瓜一包草”的人。为了不在将来成为一包草，我毅然辞掉工作，成为林业部一家驻大兴安岭的企业机关中第一个辞职的人，从此开始了拜师学艺的生涯。

二

我终于走到一个叫温泉堡的地方。在这里，我正式跟随一位目前隐居的恩师研修中华道统文化和武学基本功，经历了马步桩、无极桩、少林无相掌基本功及易筋经第一月行功法、敛气入骨及松腰松胯、虎形披气、开混元窍等内功心法的熏陶。我在这里度过了整整七年时光。虽然是学武功，但这七年我却没有学过一招一式的套路及技击技巧，然而，我确确实实被功夫之深邃内涵所吸引、所折服。更重要的是，恩师结合功夫讲授的儒释道医武等国学经典，让我系统领略了国学和太极功夫合二为一的神采，歪打正着地拉开了我的文武双修之序幕。其间，我还多次向捉豹英雄何广位，轻功大家刘垣明，中医、气功大家赵光请教，或跟随其后侍师奉茶，获益颇丰。

2000年我来到北京，遇到了程氏八卦掌第五代传人铁恩方老师。铁老是一位读过三年私塾，懂英文、日文、俄文，94岁前没生过任何疾病，未生过气，未发过脾气，经商、修道、从事教学工作均有成就的老前辈（关于他的事迹，本人曾写过《八卦走转——行走中的修炼》一书，进行过系统介绍）。我通过每周一次去他家入室修学，系统掌握了他晚年编创的八卦走转健身法，并把这个方法传授给上千人，使众多罹患疾病的人获得痊愈、亚健康人士体能精力获得恢复。在这个过程中，亦跟随杨式秘传内功太极拳京城隐宗一脉汪永泉先生的门人及再传弟子修学内功太极拳，随八卦掌第六代传人张振华、高铁生等学练程氏八卦掌；向太极拳家唐老（铁老的拳友，曾表示把所有功夫传给我，因杂事忙碌，失去了这个机缘）、三皇炮捶拳掌门人袁敬泉等前辈请教；与著名太极拳师祝大彤、关永年等多有交往。

2006年因师兄引荐，在香港得见碑帖大家、水性太极拳创始人王壮弘，并于2008年5月放下北京的一切，关停北京混元文化传播中心、辞掉《中华养生保健》杂志首席编辑的工作，赴香港求学问道于大善知识王壮弘老师。期间，师兄杨云中、汤金石，师姐小月等，在生活和太极拳学理法等方面给予了诸多帮助。

三

何其有幸，生活在这个资讯发达的时代中，没有迷失前行的方向。特别是在目前归隐在燕山脚下的第一位恩师，以及铁恩方、王壮弘等恩师的影响下，逐渐明了什么是真正的中华文化，什么是真正的中华太极拳，也因之豁然开朗，心智大开——文武双修才是中华文化生生不息的源头，但这并不是当代社会某些文武学校所宣传的文武——文，以统编的学校课程（实际上打了很多折扣，以西化的学科划分为标准）为主；武以表演竞技（以比赛金牌获得多少为衡量标准和目标）为主。

真正的文武双修，是把儒释道医武之元典作为智慧的种子播进头里边；以太极拳武拳文练所酝酿滋生出来的能量（内功心法），浇灌智慧种子。文和武，乃一对阴阳，是不可须臾离之大道。基于这样的认识，我把这种文武双修理念称为智勇文化。智勇文化，乃智勇太极学、智勇教育学、健康成功学的统称，三学内容互通互换互融，精神实质为一也。

四

我研修太极拳，并能提出智勇文化这个理念，思考下来，乃五大因缘使然：第一，缘自爱好；第二，缘自师承；第三，缘自工作；第四，缘自写作；第五，缘自教学相长。

没有爱好，不能持久，所幸，我已坚持了35年。35年间，我不间断地充实太极拳的学问和拳架内涵，积攒太极功夫需要的身体之松柔、内气之充实、意之专一和灵动、神的虚净和灵明。坚持，才能如琢如磨；坚持，才能元亨利贞。坚持的基础，就是内心里要爱好之，要喜欢之，要无怨无悔地追求之。

没有师承，容易走弯路，甚至有可能几十年过去了，依然徘徊在太极拳这养护生命的功夫之山峰的山脚下，始终不能登堂入室，始终在原地打圈圈，所以，《太极拳十三总势歌》中才有“入门引路需口授，功夫无息法自修”的叮咛。修炼太极拳，关键是能不能找到好的太极拳老师，这至为关键。本人有幸曾跟随七位恩师修学功夫，其中，有三位是文武双修、智勇双全的当代大德，特别是最后一位恩师——碑帖大家、水性太极拳创始人王壮弘先生，其“见相破相、一路得一路扫”的棒喝，让我豁然开朗，攀上了太极拳、功、道一体的美妙山峰。

如果工作和自我修身、自我养生没有关系，就会耽搁功夫的提升和境界的跃迁。1993年，我跟随燕山脚下的恩师学功夫，他告诉我，人生最大的幸福，就是工作和修身融为一体，工作要不损害自我的生命优化才有价值。这些年，一路走来，始终未曾忘记这句话。出师之后，我到了北京，在《医药世界》杂志、《中华养生保健》杂志等媒体任职，任职期间，主动担当《瑜伽与太极拳》《养生讲堂》等栏目的编辑工作，从而和很多这方面的专家、作者进行了交流。接到加盟《中华养生保健》杂志社通知的时候，也同时被人民日报社《中国经济快讯》周刊录用，我考虑了三天，还是认为，爱好一定要和职业接轨、融为一体，因此，我选择进入了《中华养生保健》杂志社。此后，因自己是懂太极拳、中医、养生、气功的编辑，才有机缘到香港工作，成为香港某健康杂志的主编，并创办了传播文武双修理念的刊物——《智勇文化》杂志。

写作不是为了当作家，而是我手写我心。我从小喜爱写作，这么多年保持每月写一篇文章的习惯，一直不变。中年之后，因体悟太极拳的时间增多，写作内容就逐渐转到太极拳方面了。写的时候，我的原则是，一定要有了自己的体悟和感受才写，而不是为了发表去东拼西凑。十多年来，我在《中华养生保健》《健身科学》《养生》《少林与太极》等刊物开设过太极拳专栏，出版过《伴你一生是健康》《健康成功学》《太极内功筑基》《太极站庄述真》等专著。写作是归纳、总结、提升、优化思维的最好途径之一。这本《国学与太极拳》一书，就是笔者在写了十年之久的有关太极拳文章的基础上，边修习太极拳，边总结记录、整理而成。

缘于对我的文章所传达出来的理念的认同，有些读者希望长期跟随我学练太极拳或者研修国学，因此，我先后单独或者和朋友一起，开设、创办过混元文化馆（国学、太极拳、瑜伽三合一馆）、中华太极智慧学院、国学太极馆等机构。2011年7月，在本人立志文武双修三十年的日子里，因赶写本书，心智大开，乃悟得，中华文化的核心是一阴一阳之谓道，作用到人生的生命优化和自我成长上，最好的途径就是文武双修，所以，统摄万法归一法。“一法”就是一门深入地文武双修，乃创办智勇文化学院，专门传承国学和太极拳。在开设培训机构的十多年间，因带学生、带弟子的需要，自己每天抽出至少两个小时修炼太极拳，获益良多。特别是传授内功太极拳、水性太极拳以及自己编创的松腰太极拳，带学生进行太极推手练习的过程中，教学相长，对“腰为主宰”“神意主宰”的体悟日深，始知前辈“心为太极”的论述，乃千古不易之真理。心乃核心、中心、根本、用心之意。把握了“腰为主宰”“神意主宰”，就把握了从身和心这对阴阳之平衡流通处入手的养生之路。此乃快捷方式中的快捷方式。

由于有了以上五大机缘，才能催发我内在的精进之心，才能形成自身含三为一的太极功夫修炼体系。

五

含三为一的太极功夫修炼体系，我称之为心性太极学，因为，仅仅用太极拳这个称谓，很多人会误解为太极拳的套路或者体育比赛的健身项目，实际上，以前所谓之太极拳，其含义比现在广泛得多、深刻得多，乃以人为本的修身之学、养生之学、开智之学的统称。

含三为一，乃拳、功、道一体也。

拳——太极拳架（套路）。单式相连为拳。太极拳，必须连绵不断，如水浪滔滔不绝，形成上善若水的气势才行。我曾练过杨式秘传内功太极拳、水性太极拳、武当六脉如意太极拳、如是太极拳。由于学练的太极拳架较多，因此，我把以上四种太极拳的拳架串成两套各十八式和二十二式的太极拳——内功太极拳和松腰太极拳，作为自己每天都练的内容。古人认为："练功不练拳，犹如无舵船。"有了拳架的锤炼，才能让自身驶向养生修身、开智开慧之大海；有了拳架的熏修，人体才能真正实现松柔、协调、经络通畅。松柔，便于气血流通；协调，乃能上下内外一如；经络通畅，才能百病不生。

功——太极功。对于太极拳来说，功，就是单式重复，重复才是太极功夫成功之母。因为，只有重复，身体才能形成有序化，才能增加气血的流通量，形成对于阻碍气血流通的身体之"不通"处的冲击力，从而提升身体的通透度，这样，才能发挥人体本具之功能，才会具备一定的功力、功底、功能；这样，才不会"练拳不练功，到老一场空"，才会日日练功，日日精进。太极功，包括单式单招拳架的重复，还包括太极站桩、太极松腰、太极松沉、太极神意气等为提升拳架水平的太极内功专修等。

道——太极道。"首走为道"。道乃道路、道理、道德、道统的合一，而且，自己去践行、修持方为道。"道律身心"是古人对养生爱好者、功夫修持者的总要求。律己方能爱护自己。此外，养生、练太极拳，一定要悟道。悟道，简单说，就是悟其中的道理，理上开窍，方能从形上入手，然后，才能意识统领，气上整合，功夫显现，养生之效才能自然而然地不期而至。我因为有写作和教拳的习惯，因此，对于太极拳、太极功，总是爱琢磨其中的道理，一来二去，才有"豁然开朗"的喜悦。因为，太极拳"理唯一贯"，所以，明理的目的，是更好地修行，更好地练拳。这是关键中的关键。

六

《宋元学案·溪廉学案下》中讲："吴草庐曰：太极者，何也？

曰：道也。道而称之曰太极，何也？曰：假借之辞也。道不可名也，故假借可名之器以名之也。”

就像中国古代，文的方面，文史哲不分家；武的方面，拳功道不分家。我所倡导的心性太极学，就是恢复这种道统的尝试，亦是假借之辞也。

回想起30年来断断续续的学武生涯，我虽没练出什么功夫来，但却找到了开启文武双修大门的钥匙——智勇文化。下面的事情，就是好好地去修炼之，体悟之，让更多的人受益。

如今，我手握着这把钥匙，正在开启国学和太极拳兼修的大门。

在开启的过程中，我的人生之路也正在逐渐地修筑。

心性太极学不是用来战胜别人的，而是用来战胜自己的躬行之路。这种战胜，是一种潜移默化的滋润——不知不觉间，我心灵的土壤，变得更丰富、更厚重了。

希望这一天，早日到来！

蓝晟　写于香港

初稿：2011年10月8日凌晨

修改：2015年11月